Y

f

LA SOLTANE
TRAGEDIE,

PAR

GABRIEL BOVNIN LIEV-TE-
nant de Chasteau-rous en Berry.

Α Φρήτωρ, ἀ Ȝέμιϛος, ἀνέϛιός ἐϛιν ἐκεῖνος,
Ος πολέμου ἔϱαται ὅπιδημίου ὀκρυόειϱος.

A PARIS, M.D.LXI.

Chez Guillaume Morel, imprimeur du Roy.

PAR PRIVILEGE DVDICT
Seigneur.

·AN·ÆTA·SV·Z5·

ΕΙΣ ΕΙΚΟΝΑ ΓΑΒΡΙΗΛΟΥ
ΤΟΥ ΒΟΝΙΝΟΥ.

Εὔσημος τελέθει τίς ἀλλ᾿ περὶ οὗτος Ἀπελλῆς,
Ὃς θαυμασὸν ὅσον γράψεν ἄγαλμα τόν;
Αἰγὶς ποῦ πέλε, πλῆκ Ζεν· ἡ πῇ ἰάσιον ἔρνος,
Καὶ ποῦ νῦν ἀμέλει φάρμακα, σφᾶ ἐρ, δρύες;
Εἴ τίς ἀπεικάζειν σε θέλει μετέπειτα, Βενῖε,
Ἀτρέτως γλυφέτω Φοῖβον ἀπαρτιδαῆ.

Ἰω. Βωρδῖνο.

CHARLES PAR LA GRACE

de dieu Roy de France, A tous les preuoſtz, Baillifz, Seneſchaulx de
noſtre Royaulme pays terres & Seigneuries ou leurs lieutenans,&
à chaſcun deulx endroit ſoy ſicomme luy appartiédra, ſalut. Noſtre
cher & bien aymé maiſtre Gabriel BOVNIN licentié es Loys, li-
eutenât de Chaſteaurous en Berry nous a fait remonſtrer quil auroit
compoſé & fait en vers Francois vne tragedie quil appelle la Soltá-
ne, laquelle il vouldroit faire imprimer. Et craignant que apres
quil auroit fait imprimer le plus correctement qu'il luy ſeroit poſſi-
ble, par tel libraire imprimeur que à ces fins il choiſira, que les
autres imprimeurs la vueillent réimprimer, & que par ce moyen,
l'imprimeur qui y aura employé les premiers frais ne ſoit fruſtré,
& ladicte tragedie incurieuſement imprimée, il nous à ſupplié & re
quis luy vouloir ſurce pouruoir, NOVS A CES CAVSES
de noſtre grace ſpeciale, pleine puiſſance & authorité Royal, auós
parmis & permetons audict Bounin de pouuoir faire imprimer ladicte tragedie, par tel imprimeur que bon luy ſemblera. Et deffenſes
ſoient faictes, à tous autres libraires imprimeurs, de ne durant le
terme de ſix ans ſuiuáts & cóſecutifz à commencer du iour & date
que l'impreſſion dudit liure ſera paracheuée, d'imprimer ladicte tra
gedie, en quelque forme que ce ſoit, que du conſentement de lexpo-
poſant, & çe ſur peine de confiſcation dudit liure & damende arbi-
traire. SI VOVS mandons & treſexpreſſémét enioignons par
ces preſentes à vn chaſcun de vous endroit ſoy, ſi comme luy appar-
tiendra, que de nos preſens priuilege,& de tout le contenu en ceſdictes preſentes, vous faictes iouir & vſer ledit expoſant plainemét
& paiſiblement, durant ledit téps. a cómencer cóme deſſus, ceſſans
& faiſans ceſſer, tous troubles & empeſchemens au contraire. Voulons en oultre qu'en mettant par bref le contenu de ces preſentes au
commencement ou à la fin dudict liure, que cela ſoit de tel effect
force & vertu, que ſi elles eſtoient en leur original, ſignifiées à chaſcun des libraires imprimeurs, & contreuenans à ceſdictes preſentes, au vidimus deſquelles fait ſous ſeel Royal, ou ſeing de lun de nos
amez & feaulx notaires & ſecretaires, nous voulons foy eſtre ad-
iouſtée comme au preſent original, mandons & commádons à tous

ã ij

nos Iufticiers officiers & fubiectz, que à vous & chafcun de vous, en
ce faifant foit obey, donné à Orleans le douziéfme Iour de Decébre
l'an de grace mil cinq cens foixáte. Et de noftre Regne le premier.

Par le Roy à voftre Relation.

DE VABRES.

Faultes furuenues à l'impreſſion.

En l'epitre, lis, de ces fchifmes. folio. 2. étranger. folio 3. enuoier. folio 11.
quell' folio 12. obfcurfiffant. folio 15. Phœbé. eodem folio, aguets. folio 19.
recuit. fol. 20. qui ha acouardi. folio 15. par fes fubtils. eod. folio. affrôté.
folio 18. ha recuit. fol. 35. fe forcene. fol. 36. O Roi en maiefté. eodé folio
fe tindroit. fol. 42. baigner. eod. fol. mouffus. fol. 44. vous. fol. 47. viuroint fol. 52. ou eft. fol. 56. deferui oftant l'autre. fol. 64. qui f'en vont.
fol. 62. mife. fol. 71. grandes.

ROine defcens, ôres prens terre,
　Car ia par le deftiné Sort
Heureufement furgit à port
Céte nef qui flottoit belle-erre;
　　Defcens donc & l'acroche
　　Au croc de céte roche.

Oui ie di céte nef flottante,
A' fi heureus port que tu has,
Séant fur la pile du mas
Par la tempéte nef-froiffante,
　　Guidé fans craindre orage,
　　Ou peril de naufrage.

Céte nef, las c'eft nôtre France,
Qui forçant les lois du deftin,
Viuant en iour fôus l'incertain,
Sous l'éle d'vne défiance,
　　Ha rompu par outrage,
　　Les fains drois d'hotelage.

L'vn veut voguer vers Sarmatie,
Et l'autre en poupe aiant le vent
Veut fingler deuers le Leuant,
Les autres deuers la Scytie,
　　Ainfi la nef de France,

Du haure loin déuance.

Mais toi lors voiant ce Nauire
Par les vens, à vau l'eau pouſſé,
Ia des flots étant tout froiſſé,
Aus vens ne ſeruant que d'vn gyre
    Dont ſen iouét Borée,
    Deſſus l'onde voirrée:

La pouppe étoit deſia froiſſée,
Les antennes, & le voil' bas,
Ia étoit décrollé le mas,
Et la prouë des flots briſée,
    Pouſſée à vau les ondes
    Par les vagues profondes.

Lors tu t'es miſ' dans la Caréne,
Auéques tous tes enfans Rois,
Et le tout-pouuant Nauarrois,
Ne craignant d'Aquilon l'aléne
    Qui les nauires verſe,
    Et ſus deſſous renuerſe.

Et ainſi de ta main agile,
Toi du nef la plaultre guidant,
Les Syrtes marins ne craignant
Qu'ils froiſſaſſent ta nef débile:
    N'auſſi que la Sirene

Encharmát ta caréne.

O Roine, Roine debonnaire,
Du nef, tu has, à seureté,
En la rade l'ancre iété,
Voulant de naufrage sous-traire,
De tout mal, & outrance,
Le nauire de France.

Oui tu as appaisé les flottes
Et r'alié tous nos François
Par la France épars en desrois,
Cherchant argument de reuoltes,
Voulant par leur rebeine
Mettre France en ruine.

Tu has par l'heur de ta faconde
Accoisé les flots écumeus
D'aucuns François seditieus
Tell'ment que tu es seulle au monde
De nôtre pouure France
Le pauois & defence.

Γήγος ἀ' ἀεφ κῦδος ὀρέξει.

AV SEIGNEVR GABRIEL
Bounin, Poëte & Iurisconsulte,
F. de Belle-forest Comingeois.

De Sofocle les vers n'ont mieus enfanglanté,
Vn theatre Greg'ois, que B O V N I N nous colore,
Vn eschautfaut Gaulois, lors que Frãce il honore
Du fait de Mouftapha du Pere acrauanté.

Le Theocrit, B O V N I N, n'a fi bien inuenté
Que toi l'heur des Bergers: mieus que toi ne decore
Anacreon fa Tée: & mieus que toi ne dore
Sa Dele vn Apollon, ce que tu as chanté.

Les Rois, leurs grauitez, leurs loix tu nous enfeignes,
L'ambition, l'orgueil des Tyrans nous deffeignes,
Le tout fi proprement que dè toi i'ofe dire,

Que du Vers tu n'es ferf, mais que le vers te fuit,
De toi vie à le vers, en toi la Profe ha fruit,
L'vn t'embraffe fans fin, l'autre aprés toi fouspire.

A MONSEIGNEVR MON-
SIEVR DE L'HOSPITAL,
Chancellier de France,
Gab. Bounyn Salut.

PRE-VOIANT, Monseigneur, & d'vne anciéne memoire, repetant en mes plus soigneus pensers les troubles, & diuisions dont huy sont demolies, & renuersées les Republiques, au grád dueil de vous toutes-fois: pour n'étre de ce parti, & voire pour essuir(comme il est en l'adage)à force de rames, & de voiles tels perturbateurs du repos commun, ie me suis tant que loisiblemét i'ay peu cachemét distrait, & departi de la chose cómune, & autres functiós ciuiles, pour cóme vn Timon Misanthrope, me cacher dans les lettres, & solitairement m'étrá-ger de l'accez des hómes. Et ainsi apres quelques regrets cuisans, & non moins de plaintes, pour vainement ne laisser écouler le tems, duquel(cóme disoit Theophraste)n'est pris, coust, ne dépé-se plus chere, comme de toutes choses le plus impossible à recouurer, aiant entre-mis le seuere labeur de mes études serieuses, iusques a vn tems plus calme, & asserené, ie me suis amoureusemét reconcilié auéques mes Muses. Aus leçons des-quelles, apres laborieusement y auoir dépensé

é

quelques heures, il m'eſt venu en l'aduis de faire
monter les Solymans ſur le Theatre, plus-toſt
pour affiner & aſſagir nos François de leurs pe-
rils tragiques, que pour arrogâment faire quelque épreuue de moy, veu que ie ſerois des plus
ignares, ne ſachant nager, ne les lettres. Ainſi
donques Monſieur, à la faueur de vôtre œil étant
venu à ſus de mes deſceins, i'ay bien tant oſé
ſans aucun acoûtrement d'arrogance, eſperant
bon viſage de votre hauteur, vous dedier ce
mien tel quel ouurage : ce que vraiment ſans
rougir ie n'euſſe fait, ſi à l'ongle ne m'euſt été
trop conneue votre candeur, & coutumiere
bien-veillance, non moins fortunément heu-
rée que heureuſement fortunée : par laquelle
gaiment à front déploié, couſtumierement re-
ceuez tous labeurs, & poëmes de toute trempe,
ne dédaignant, & mettant à mépris les rudes,
& mal-nez, pour ne deuancer, voire & ne dé-
mouuoir le ieune ouurier du proiet de ſes meilleurs labeurs. L'autre cauſe Monſieur, qui ma
pouſſé de vous vouer ce mien liure, n'eſt autre
que ſachant étre en l'vſance, & inſtitution des
Greg'ois, que quand il ſe faiſoit quelque ouurage, de le dedier au plus docte, & ſage de
leur tems, afin que celluy la par ſon docte ſçauoir louang'aſt ce qui ſeroit louable, & par ſa
ſage modeſtie taiſiblement ſuportaſt & clinaſt

aux fautes. Ainſi Monſieur ne ſçachant, comme vraiment ie ne ſçai, votre pareil & égal, ſoit en prudence, en grandeur de ſçauoir, accompliſſement ou perfection de meurs, ie ne dirai en l'Europe, mais en toute la rondeur de ce ſiecle, comme au ſeul ornement de la France, i'ay oſé certes, non moins humblement, que modeſtement, ſacrifier ce mien ouurage à votre hauteur. Encor' & de rechef ſuppliant votre douceur, & céte votre clemence, dont vous étes heureuſement doué, de le recueillir auſſi affectionément, qu'humblement i'ai oſé le vous preſenter. Mais pourroi-ie ores aſſez condignement louanger ceſt eſperit? céte douceur debonnaire, qui vous enuironne? ce ſçauoir tant émerueillable, duquel loin (ſi ie le dois dire ainſi) de pluſieurs paraſanges, outre-paſſe les plus doctes de ce ſiecle. Las combien la France vous doit, d'étre de vous ſi ſaintement, & fidelement conſeillée? En ce imitant (comme dit Ciceron en l'oraiſon pour Sexte) les Curiens, les Fabriciens, les Brutes, les Scipions, & Æmiliens, à leurs exemples, en premier vous (comme eux Rome) aimant cherement la France, conſeillant & ſecourant les bons, ne tournant riens à gain, mélouant les proufis preſens, n'eſtimant rien bon que ce qui eſt iuſte & æquitable : bref gardant étroitement ces deux præceps de Platon : L'vn, par

lequel si sagement, & amoureusement auisez
à l'vtilité, & souuerain bien des François, voire que tout ce que pensez & faites, le tournez à
leurs seuls gains, & proufis, chez vous mémes
oubliant les vótres : L'autre, par lequel si soi-
gneusement policez, & administrez nos Republiques, voire que quand d'equité defendéz aucuns cors, ou parties d'icelles, neant-moins en
riens ne défauorisez les autres : faisant comme
d'vne tutele, deuançant, & postposant vos affai-
res priuées aus publiques, voire que ia pour vótre bien-veignement chez nos Fráçois, & autres
lointeines contrées, aiez acquis le nom d'Aristi-
de, qui pour non moins heureusement, que fidelement auoir regi, & gouuerné l'Aristocratie A-
thenienne, fut de tous appellé Le iuste. Qui est
l'œil tant aueuglé, l'esprit tant étrangé de raison,
qui reduisant en memoire cest incóparable sçauoir & bonté dont vous étes prodiguement rem
pli, ne vous louáge? ne vous admire? non comme
né en nos foiers, & chez nos penates, ains cóme
tombé du ciel en ces terres, si ainsi il m'affiert de
dire. Ie dis admire, comme le Themistocle, qui
étant allé en la ville d'Olympie, pour voir la ce-
lebrité des ieux quin-quannels, séant en son
rang, lors ceux qui étoiét la iusques au moindre,
tout détournerét leur faces, egarerent, & ietterét
leurs veues sur Themistocle, emerueillablement

contemplans plus toſt, les excellences deſquelles il étoit comblé, que les myſteres, & autres ſin-
gularités des ieux Olympiques. I'oſe bien dire
Monſieur en eſperance d'être creu, que les Repu
bliques de Socrate, d'Hippodame, ou de Phalée
Chartaginié, n'ont eſté ſi bien, & heureuſement
regies, que huy au pois de vótre équilibre ſont
les Republiques Françoiſes gouuernées. Qui
n'admireroit vos ſains conſeils, deſquels (ne ſçai
par quel inſtinct diuin) aués vſé pour l'emortiſ-
ſement de ſes Schiſmes, & factions ciuiles, voire
que lon voit ia les françois ſe r'eunir, & réhoſpi-
taliſer, non moins ſous la faueur de vótre nom,
que ſous le pois, & énergie de vótre façóde. Mais
quoi? veus ie entrer en louanges? veus ie réclerſir
le Soleil de torches? Monſieur ie ſupplirai vótre
douceur de taiſiblemét ſouffrir ces diſcours, cóme vraiment étant cótraint, & pouſſé auecques
la reſte de la France, de teſmoigner en tous lieux
les vertus qui ſi heureuſement vous enuironnét:
par la grandeur deſquelles aués condignement
gaingné le rang ou vous ſeés. Combié que ie n'i-
gnore la lueur de la vertu étre ſi reſplendiſſante,
qu'elle ne déſire dauantage étre reclerſie par la
bouche des hommes: comme nous liſons de Ly-
ſandre, qui (à vn luy diſant qu'il l'admiroit & lou
ang'oit en tous lieus) répondit qu'il auoit deus
bœufz en ſon champ tous deus muets: mais qu'il

ſcauoit biĕ lequel des deus étoit le plus franc au labeur, eſtimât la vraie vertu n'eſtre neceſſiteuſe des louanges humaines, comme elle état la louange méme. Ores doncques Monſeigneur, afin que la prolixité ne vous cauſe ennui, ie ferai fin, vous ſuppliant de departir quelque partie de votre coutumiere cleméce à ce mien labeur, afin qu'à l'aduenir Dieu y aydant, i'aye trop plus d'ar gumét pour faire choſe digne de vôtre hauteur.

Πόνος δ' ἄρα κῦδος ὀρέξ{.

Eidem Præfecto prętorij carmen.

Etfi grandiloquens tragicîs mea Mufa theatris
Aftet, Turcarum enfes narratura cruentos:
Etfi Mufa graui tragicóque indutâcothurno,
Iam iam adfit, rabias Turcæ dictura feroces:
An'ne ego grande tuum, verfu temerarius aufim
Elogium euulgare grauiîamrelinguis, & excors
Mufa tacet, fafces hymno non aufa canenti
Decantare tuos: iam me dyfpnœa filentem,
Et fauces artûfque tenet. Quid carmine cantem
Natales annos? fafces? quid plectra? togámque?
Quidue magiftratus? (Gallorum ô lumen & hofpes
Eximie, ô inter doctos procerefque dynaftas
Prime fedens) fed ego carptim quid conor eburnos
Incruftare fcyphos fruftra? quid cunctor ineptè
In Gallûm Exhedris hymnis ornare virum quem
Contemnit nemo?

GAB. BOVNINVS.

LES PERSONNAGES

ROSE.

SIRENE.

RVSTAN.

LE CHOEVR.

SOLTAN.

MOVSTAPHA.

LE HERAVD.

LE SOPHE.

LES EVNVCHES.

LA

LA SOLTANE, TRAGEDIE.

Acte premier.

ROSE.

Els font ce tes deftins, Dieu du plus-haut
manoir?
Tel eft ce ô Apollin ton fenétre vouloir?
Tel encôbre futur à moy femme poüurete
M'auoit elle auant-dit ta cortine profete?
O que ie deuoi' bien Armenie laiffer,
Pour malheureufe helas en Thrace m'adreffer.
Oui oui ie deuoi bien pour aborder en Thrace,
Laiffer Taure & Caucas le furgeon de ma race.
Faut il o cieux faut il, que ie voie ranger
Pardeffus mes chers filz vn efclaue etranger?
Faut il qu'vn Mouftapha filz hatif de la terre,
L'honneur de mes enfans honteufement aterre?
Plux-toft defaftrement m'ennauire Caron
En fa nef pour furgir en l'haure d'Acheron,
Plus-toft helas plus-toft, plus-toft que ie deuales
Aux plus nuictains manoirs des ondes Auernales,
Que foit fi brauement par vn vulgaire-né
Au regret de mes filz l'empire gouuerné:
Plus-toft facent les Dieux que d'vn puniffant foudre
Mon cors du ciel frapé s'euente tout en poudre,
Premier qu'vn Mouftapha ie voie plus auant
Regir audacieux tout l'atour du leuant.

A

Quelz donc seroient les drois de nos deus détres jointes,
Que deuiendroit Soltan l'eclair des torches saintes:
Donc,donc que deuiendroit ô inuincible Roy,
Les cinq mille Sultains & l'inuiolable foy
Qui d'vn noeud Gordian les restes de nos vies
Tient sous le ioug d'Hymen à iamais asseruies.
Et puis Dieu Enfernal n'ay-ie pas le pouuoir
Par charmes & par sors,par magique scauoir,
Defaire reuenir vne ombre tenebreuse,
Grommelant quelques vers sur sa tombe oublieuse?
Ne puis-ie pas aussi d'vn cri Thessalien
Arracher nuictément du Pole Olympien
La lune mi-formé':las ne puis-ie pas faire
Par quelque herbe de Colche,& de la riche Ibére
Qu'vn Roy, non non vn Roy,mais le plus fier des Dieux,
Ayant ouï mes sors & mes cris si hideux,
Que d'vne allure élée icy bas ne deuale,
Pour captif m'obeir comme Hercul'à Omphale.
Doncques ie ne pourray sous ceste loy renger
Le Roy pour Moustapha de sa cour eéranger?
Moy hautaine,qui puis d'vne vois Stentorée
Flechir le bas Cocyte & la vout' Etherée?

SIRRNE la Dame d'honneur.

O Dame helas quelz propos sont cecy,
Quelle raison vous esguillonne ainsi,
D'entretenir dont vous soiés dolente
Dans vostre cueur vne ire bouillonnante?

Las cuidez vous pour ainfi vous douloir
Du grand Iuppin efchanger le vouloir?
Las cuidez vous par ces herbes charmeufes
Pour tous vos fors & plaintes fi piteufes
Pouuoir helas, de ce grand Iuppiter,
De fes deftins la carriere arretter?
Ceft luy, ceft luy, qui conduit ceft affére,
Ceft luy qui veut que Mouftapha profpére:
Mais connoiffant Mouftapha abufer
Des dons vers luy dont ha voulu vfer
(Comme on le void par vne oultre-cuidance
Ingrat vfer de fa fainte influance)
Alors alors, ce plus puiffant des Dieux
Le depouill'ra du parfet de fon mieux,
Acouardant fa fourcilleufe audace,
Comme il ha fet à l'arrogante race
Du chaud Titan. Pourtant i'efpere voir
(Si ne me viend mon efpoir deceuoir)
Tous vos enfans de l'eftoc de leur lance
D'vn Mouftapha affoiblir l'arrogance.
Oui ie veux voir tous vos plus chers enfans
Sur Mouftapha en honneur triumphans:
Voire plus-toft que la carriere éléc
De l'an legier ie voie eftre écoulée.
Pour-tant de vous, ie vous fuppli' bien fort
Que loing chafsiez ce ploreux defconfort.

ROSE.

Que i'endure regner fur mes fils d'auantage

Mouſtapha:las plus-toſt vn foudroiant orage
Vienne mon cors,mes os,violentement briſer
Que brauant ie le voi' plus longuement vſer
De l'Empire:& que auſſi ceſte audace effrontée
Ie ſouffre qu'ell'ne ſoit honteuſement dontée.
Non non les Dieux ſont Dieux, & de leur plain pouuoir
Peuuent mes quatre filz de l'Empire pouruoir.
" Car pour ſur les humains plus qu'hommes apparoitre,
" Et pour leur grand pouuoir nous donner a connoitre,
" Font le filz d'vn potier au ſceptre paruenir,
" Et de ce ſceptre encor' vn potier deuenir.
Mais à détres oiſeaus,ſi par leur præuoiance
Prendre ne puis de luy deſirable veng'ance
Baſt' ceſt peu,car moy humbl'ſans a eux me ranger
De mon mortel haineux i'ay dequoy me vanger.

SIRENE.

Las voulés vous acoiſer d'auantage
Dans voſtre cueur ceſte rong'ante rage?
Voulés vous point d'honneur le nourriſſon,
Effuir de vous ceſt' aigre marriſſon?

ROSE.

Effuir Sirene effuir,où eſt la mere en Thrace
Fuſt elle malheureuſ de l'Hyrcanine race
Qui n'euſt,qui n'euſt le cueur,le cueur plus-que tranſi
De veoir ceux de ſon ſang anonchaloir ainſi?
Ou eſt Sirene ou eſt,mais dy moy ou eſt celle;

Qui vers ses mesmes filz se montra si cruelle,
Qui voiant Moustapha à ses filz s'adresser,
Felonne ne voulút son orgueil abaisser?

SIRENE.

Soltane assés, assés celuy se venge
Qui son haineux de tout honneur étrange
Laisse le la pour viure degarny
De biens, d'amis, laissés la ce banny
Laissés le la pour viuant reconnoitre
Combien luy vaut trop hautain vouloir étre
Qu'auroit il plus pour son iuste loier
Si ne vouliés aux Orques l'euuoier?
Qu'auroit il plus pour tels cruels encombres,
Que d'aller voir les Auernales ombres?

ROSE.

Qu'il auroit plus Sirene, encor'ne scais tu pas
De quell' genne Ixion lon tourmente la bas.
Qu'ell' faim chetif endur' et quelle soif glueuse
Cest asoiué Tantale en l'onde stygieuse:
Quelle peine ha Sisyph', et quel soigneux traual
Pour sa pierr'arretter bouluersant contre-ual.
Toutesfois n'est si grand leur for-fait & offence,
Qu'est de ce Moustapha l'acrettée arrogance.
Donc il ne mourra pas? doncques pour tous ses maux
Il ne sera plongé aux fleuues Auernaux?
Donc pour tous ses forfaicts les Déesses fatales

A iij

Ne trancheront le fil de ſes aures vitales?
Il mourra, il mourra, ou n'aur ay le pouuoir
De l'Hecate aux trois chefs la poitrine émouuoir.
Oui Sirene il mourra, ou ma ſainte ſcience
S'ra vers luy vainement d'inutile puiſſance.
Pourtant de ce haut ciel Dieux les plus ſouuerains,
Vous Demons empanés & Manes ſouterreins,
Toy Belphegor iſſu des creux du plus bas étre,
Qui me fis la vertu des ſept herbes connoître,
Toy charmeur Thanagan auanſant ſon trepas
Pour ſubiect m'obeir qui talonne ſes pas:
Sus d'vn cri ær-ſonnant ſortés du bas Auerne
Plus que d'vn pas élé courés tous ſus ce cerne
Sus donc tous acourés tournoians par trois fois
A l'effroiable ſon de mes triſtes abois.
Sus ſus donc preſtement qu'vn chacun ſoit en armes:
Sus Demons nuicts-vagans que lon coure à ces charmes,
Car vers ce Mouſtapha, ceſt huy que ie veux voir
Si vos ſors murmurés auront quelque pouuoir:
Ceſt huy que ie veux voir f'ils auront tell' puiſſance,
Que de ce Mouſtapha affoiblir l'arrogance.

SIRENE.

Ne ceſſ'rés vous d'ainſi vous gaimanter
Voules vous point voſtre deuil alanter
Chaſs'rés vous point ceſte rage cruelle,
Forcenement qui ainſi vous bourrelle?
Las qu'eſt cecy, quelle iuſte raiſon

Vous ha causé ſi grande marriſſon?
Oui oui, ie dis marriſſon ſi extréme,
Qu'ell'vous ait mis au dehors de vous méme?
Helas Soltane ou ſont ces bons eſpris
D'auoir touſ-iours que vous auiés apris?
Ou eſt le cueur & la face conſtante
Craintiuement non iamais blemiſſante?
Ou eſt ceſt œil richement aſuré?
Ce graue port, ce maintien aſſuré?
Ou eſt la fac' qui ſ'eſt veu' tous-iours yne
Pour quelque aſſaut qui ſuruint de fortune?
Roſe or' ſus donc chaſſés de vôtre cœur,
Ce triſte émoy, ce ſoing, ceſte rancœur,
Ce dur courrous & rong'ante furie
Métrallement qui vos ſens ſeigneurie:
Pour Mouſtapha hautain & braue voir,
Eſt il raiſon d'ainſi vous émouoir?
Pour auoir veu encontre voſtre race
Vn Mouſtapha orgueillir ſon audace,
Eh deues vous à vôtre grand danger
Si loing de vous vos eſpris étranger?
N'aues vous pas le pouuoir & puiſſance
De vous venger de ſon outre-cuidance:
N'aues vous pas du Roy tout plein pouuoir
De vous venger, ſans ainſi vous douloir?
Que deuiendroit l'amour conſtante & forte
Plus qu'a ſes yeux que Soliman vous porte?
Soltane helas, helas que deuiendroit

Ce ioug d'Hymen escharsement etroit,
Qui tellement tient vos ames emblées
Qu'elles ne s'ront iamais defassemblées.
Donc donc pensés, sans irriter ainsi
Le ciel, l'enfer & vous mesmes aussi,
Penses ainsi sans atester les ombres
Charon, Erebe, & les trois Parques sombres
A vous venger de ce mortel haineus,
Par les conquets & les fais valleureus
De vos enfans, pensés pensés ma Dame
A vous venger du trenchant de leur lame,
Non par ces plains & ces cris si hideus,
Ces hurlemens & ces sors stygieus.
Doncques pensés pour son orgueil abatre
Premier que luy de vous mesme combatre,
D'auoir vn cueur, vn cueur constant & fort,
" Car celle lá fait vn plus grand effort
" Qui de son cueur iré est veinqueresse
" Que qui gaingn'roit quelqu' haute forteresse.
Donc gaingnés vous & étaignés vn peu
Ce dueil poignant, ce courrous & ce feu,
Qui vos beaus yeus, tous vos os & vótre ame
D'vn chaud brasier felonnement enflame:
Donc' attendes qu'ait le Pole voûté
Ce Diadéme honteusement óte
A Moustapha & le tout-pouuant sceptre
Pour de vos filz en la dextre le mettre.

ROSE

ROSE.

Moy que plus longuement ie l'endure regner,
Et encontre mes filz orgueilleus s'hautainer?
Moy que plus longuement Sirene ie l'endure
A nonchaloir ainſi ma chere nourriture?

SIRENE.

» C'il de ſes vœus à ſus aſſez toſt vient,
» Qui en ſa vie vne fois y paruient.

ROSE.

» C'il a y paruenir pareſſeus trop demeure,
» Qu'y atoucher, heureus, pouuoit de plus-haute heure.

SIRENE.

» C'il trois, ſix fois heureux ſe doit tenir,
» Qui deſperant tard s'y void paruenir.

ROSE.

» C'il qui tard au deſſus viend de ce qu'il ſouhaite,
» Le deſiré ſouhait trop chairement achaite.

SIRENE.

Eh mais voici Ruſtan.

ROSE.

Vient il ici?

SIRENE.

Oui le voila.

RVSTAN.

Quel clameur eſt cecy?
Quel émoy, quel courrous, & quelle ire felonne
A tant vous agacer ainſi vous epoinçonne?
Quell' triſteſſe, quel dueil, & epineus ſouci

B

A vous entre-facher vous eguillonne ainſi?
Dont vient Roſe dont vient ceſte brillante face,
Ce ſourcil heriſſé, & ceſte treſſe eſparſe
Ainſi negligemment au tour de vôtre chef?
Las pour quel ſi grand mal, quel ocombre ou mechef
De Soltan Soliman la plus que treſaimée,
Se void d'ire & courrous vôtre face enflamée?

ROSE

O Ruſtan des Baſchas le plus que fortuné,
Ruſtan d'heur & vertu prodiguement orné,
Par les Aſtres beſſons, Ruſtan ceſte fortune
N'eſt de riens moins qu'à moi à vous méme commune.

RVSTAN

Soltane qu'eſt ceci helas, que dites vous?
Quell' cruelle Nemes', quel celeſte courrous,
Quel Veioue vengeur ou deſaſtrée étoille
Cachement m'ha ourdi vne infortune telle?
O Tutan tout l'apui, le ſupport & pauois
De ceux qui en ennui t'appellent d'humble voix?
Or' veuilles deuancer le mechef que lon braſſe
Traitrement contre moi & tous ceux de ma race?
Tutan Dieu tout-pouuant de tous le plus piteus
Veuillez donc l'elancer deſſus nos enuieus.

SIRENE

Ruſtan ceſſez ceſſez ceſte triſteſſe,
Qui voſtre cueur cruellement detreſſe,
Ceſſez ce dueil: car il n'eſt ia beſoin
Ce triſte emoi qu'il s'en voiſe plus loin

Vous tourmentant.

RVSTAN.

Helas helas Sirene
En mes poumons seigneus resousle moi l'aleine
D'vn presage meilleur remets moi mes espris
Forcenement d'effroi & tristesse surpris.

SIRENE

Le dueil poignant & tristesse dolente
Qui vous Rustan & Soltane tourmente,
N'est ce mait-Dieus nul autre que de voir
Vn Moustapha en hauteur & pouuoir.
Le dueil poignant & ploreuse detresse,
Les meilleurs sens qui de Soltane oppresse,
Que de le voir n'est autre cemait-Dieus,
Dessus ses fils par trop audacieus.

RVSTAN

Helas que pensez vous, qu'estes vous deuenue?
De quell' cruelle Erinne estes vous detenue?
Quelle iuste raison vous a peu émouuoir
Soltane pour vn riens à ainsi vous douloir?
Quell' guerriere Enyon ou Bacchique furie,
Quel Erebe beant, quelle Orquale Manie,
Quel fureur sans raison ou bouillonnant courrous,
Ainsi legerement vous etrange de vous?

ROSE

Quell' fureur dictes vous, ains plus-tost quelle Parque
Ou quel hideus Charon en sa nef ne m'embarque:
Ains plus-tost quel Souman, Roi des ombreuses nuis

B ij

Me voiant enterrée en si tristes ennuis,
Pour de moy les essuir d'ici haut ne me iette
Des ondes au plus creus de son fleuue de Lethe.
Las Rustan qui seroit le cueur de diamant,
Qui peút de Moustapha souffrir plus longuement
Le sourcil éleué & l'arrogance outrée?
Oui qui le peut souffrir de toute la contrée
D'Amasic, de mes fils obscursissant l'honneur,
Et de tout le leuant paisible gouuerneur:
Las plus-tost lon voirra Caucas de son épole
Orgueilleus atoucher les etoilles du Pole.
Oui plus-tost lon voirra le tonnelet persé
Comblement iusqu'aus fais rempli de l'eau versé
Emerueillablement par les niéces d'Egisthe,
Par trop honteusement que moy dolente & triste,
Ie souffre que me soit par vn si braue hardi
De mes plus chers enfans l'honneur abatardi:
Las plus-tost lon voirra dans vn noueus cordage
Enretter d'Aquilon la forcenante rage:
Premier plus longuement que ie le souffre auoir
Par dessus mes enfans tant soit peu de pouuoir.
Las voudrois tu Rustan, Rustan que tant i'honore
Sur mes plus chers aymés, mais voudrois tu encore
Qu'vn sot audacieus ieunement paruenu,
Vn sot vulgaire-né de son pere inconneu,
Au regret de mes fils ta plus chere alliance
Demourast gouuerneur de toute la Bysance?
Eh voudroi tu Rustan que ce trop inhumain,

Vint braue aſſugettir ſous le fais de ſa main,
Tout le peuple Aſien & la rondeur de Thrace?
Dea voudroi tu Ruſtan, qu'acretant ſon audace
Vint obſcurcir les fais & geſtes triumphans
Par ſon orgueil hautain de mes plus chers enfans?
Et penſe vn peu Ruſtan & r'apelle en toiméme
La rancueur & l'emoi & la haine ſi bléme,
Que iuſque icy a tort d'vn viſage fardé
Dans le creus de ſon cueur t'ha traïtrement gardé?
Donc ſouuien toy Ruſtan de la haine chienine
Que contre toy recuit dans ſa fainte poitrine
Au prouffit de Soltan dont tu voulus oſer
Des Sangaces mutins les ſoudes rabaiſſer?
Oui oui dont tu voulus moindrir les ſoudes chéres,
Des hautains Sangachis & guerriers Ianicheres.
Las donc s'il paruenoit vn iour à étre Roy,
Ores penſes Ruſtan, mais penſes a part toy
Quel moyen il auroit de ceſte mal-veuillance,
De prendre contre toy deſirable vengeance?
Et puis & puis Ruſtan n'aime tu pas trop mieu s
Voir tes freres mes fils gouuerneurs de ces lieus?
Oui ie di gouuerneurs (pour ceſt amour fealle
Que tu porte à leur ſeur ton épouſe loyalle)
Que non vn Mouſtapha vn hautain orguilleus,
Vn mutin heriſſé, vn braue audacieus?
Que non vn Mouſtapha la ſeule haine & enuie
Et le ſeul reagal de ta totale vie?

R V S T A N

Le mal talent Soltane & la pale rancueur
De Mouſtapha ainſi qui vous genne le cueur,
Encor' Soltane encor' de ma haute penſée
Oubliuieuſement n'en eſt point effacée:
Le mal talent Soltane & l'aigriſſant émoi
Haineuſement haineus qu'il conçoit contre moi
Encor' Soltane encor' de penſé's immortelles
Me demoure fiché au profond de mes mouelles.
Car tant que ie pourray au centre retenir
De mon cueur de moiméme vn plaiſant ſouuenir:
Car tant tant Iunon dans ma poitrine humide
Nourriciere aſſouffl'ra ſon halaine liquide,
Voire tant que ces os & que ce cors charnu
De ſes membres ſera fortement ſoutenu,
Vn ſouuenir Soltane & vne ire enflammée
M'en demour'ra au cueur à iamais imprimée.
Pourtant doncques ceſſés mon courageus vouloir
Contre ce Mouſtapha par vos plaints emouuoir,
Pourtant pourtant ceſſés ma chere dame & mere
Vers vôtre gendre vſer de ſi humble priere,
Mais or' doncques ceſſez par vos mielez propos
Plus grande ir' contre luy d'allumer dans mes os,
Aſſez la dent de laict & la haine felonne
Qui tout-iours contre luy dans ſon cueur luy bouillonne
Aſſez le dur emoy dedans ſon cueur chienin
Qu'il recuit voire aſſez le damnable venin
Soltane ſans vos plains enuers le Roy, m'appelle

En bref de luy brasser quelque haine mortelle:
Pourtant donc prenez cueur & étrangez de vous
Ces plaintes, cest aigreur, & ce brulant courrous,
Qui trop hideusement de son feu vous efface,
Le poli helenin de vostre belle face.
Sus Soltane sus donc mon support & appuy
Loing essuiez de vous ce blemissant ennuy:
Car premier que Phœbe à la teste cornue
Ait le Pole voilé d'vne nuictaine nue:
Et que le cler Titan ait charroié le iour,
Par six fois au dessus du terrestre seiour,
I'espere Moustapha de mettre en la dégrace
Du Soltan Soliman & de toute sa race:
I'espere & non en vain par mon subtil moien,
De le rendre ennemi du peuple Amasien.
Alors Soltane alors à vos filz sans enuie
La cité D'Amasic demour'ra asseruie.
Lors la gemelle Asie & Bosphoride Thrace
Seule regie s'ra de ceus de vôtre race.

ROSE

Mais encores Rustan mes enfans pourroint ilz
A tant d'heur paruenir par tes moyens subtilz?
Rustan pourrai-ie voir de ceus de ma leignée
Par tes subtilz aggetz la Thrace gouuernée?

RVSTAN

Si vous les pourrés voir?non seulement les voit
En pompes, en hauteur, & triumphant pouuoir:
Mais mais vous les voirrés premier que ceste année

Soit de ces douze mois egalement bornée,
Les fais de Mouſtapha braues aneantir
Tous d'vn pouuoir egal, en luy faiſant ſentir
Au trenchant emoulu de l'âpre coutelace,
Combien luy vaut vers eus d'orguillir ſon audace?
Plus-toſt à mon ſouhet pour paruenir à ſus
Des deſceins contre luy en mes mœlles conçeus,
Ie gaign'ray la faueur de l'epoiſſe cohorte
Qui aux chams deuant luy va marchant à grand flotte:
Ie le rendray haineus aux martiaus ſoldars
Qui marchent d'vn pas coy deſſous ſes étandars;
Et fray plus, car moy caut par parole atraiante,
Pour venir au deſſus de ma nouuelle attente,
Ie pein'ray pour de tous l'abimer en l'horreur
D'auoir de ſon Baſcha ſon total gouuerneur
Vn cartel par lequel il don'ra à entendre,
Que Mouſtapha hautain veut à épouſe prendre
Izabel fill'vniq' du prince Perſien:
Trahiſſant fauſſement le peuple Amaſien:
Et que traitre à Soltan auec le Roy de Perſe
Nôſtre mortel haineus iournellement conuerſe,
Lors penſez contre luy quel courrous enflammé
Le grand Soltan aura dans ſon cueur allumé.
Lors Soltane penſez combien la court bel-erre
Pour vn ſi lâche tour luy fra prendre autre terre?

ROSE.

Helas mon cher Ruſtan, Ruſtan que i'aime mieus
Que mon cueur, humblement ie te pri' par nos Dieus,

Voire

Voire & pour l'amitié qu'a ma fille tu porte,
Ces defireus defceins d'acheminer en forte
Qu'efciemment Ruftan ne nous mette en danger,
D'vn hautain Mouftapha en nous cuidant venger.

RVSTAN

Soltane ie vous pri' que pour céte entreprife,
N'en foiés nullement de trifteffe furprife:
Car fi couuertement i'efpere ce defcein
Moi caut acheminer à fi heureufe fin,
Que le tout vous voirrés choir au grand aduantaige
De vous dame Soltane, & voftre parentaige.

LE CHOEVR

Deucalion que tu as fait
Sur tout le feul homme parfait.
    En céte terre baffe,
Iettant des rocs derrier' ton chef
Pour le façonner de rechef
    Deffus le mont Parnaffe.

Las cauteleus que tu étois
En lieu de pierre tu iettois
    Sur la montaigne fainte,
Or' vn rubis étincellant,
Vn zaphir à l'eclair brillant,
    Et óre vne Iacynthe:

Dont auffi du depuis f'eft vcu
L'homme feul de tout heur pourueu,
    De fçauoir & faconde

C

Huy seul se void l'homme viuant
Des Gades iusques au leuant,
　　L'ornement de ce monde.

En luy de son hanap gemmeus
Epancha le tout de son mieus
　　La Suadele eloquente.
En luy seul les nourrices sœurs
Verserent toutes leurs douceurs
　　De leur corne abondante,

Mais toy Pyrrha que tu méfis
Quand iadis la femme tu fis
　　En ce mondain repére.
Séneſtrement par sus ton dos
A foison éparsant les os
　　De ta mere premiere.

Car en lieu de perle Idaspine
De quelque gemme Cyanine,
　　Or'vn dur diamant,
Or'vne grosse roche ague
Hounie de froide sigue,
　　Tu iettois seulement.

Donc du depuis aussi s'eſt veue
La pouure femme dépourueue
　　De prisable scauoir.
Las (Pyrrha d'Epimethe-née)

Du depuis s'est veu dénuée
   De tout bien & auoir.

Has tu quelque chef d'œuure fait
En ce manoir plus imparfait
   Que cest' inféte Rose?
Veux tu veoir en ce genre humain
Pour vng chef d'œuure de ta main
   Plus imparfaite chose?

Dea Pyrrha ou trouuerroit lon
Vng cœur plus cruel & felon
   En ce terreus theatre?
Ou est la femme qui le cœur
Ait enflé de telle rancœur
   Qu'ha cest aspre maratre?

Onq' tant vers ses filz ne mésit
Ne tell' cruaulté ne leur fit
   La charmeuse Colchique:
Que va de mal en soy braslant
Contre Moustapha innocent
   Ceste Rose impudique.

Onq' Phedre fille de Minos
Contre Hippolit' dedans ses os
   Ne receuit telle haine:
Que va contre Moustaph' songer
De mal pour d'icy l'étranger

Ceste Rose inhumaine

Las Moustapha que pense tu,
T'ha ell' le courage abbatu.
        Ceste Rose despite?
Ou est le bras qui braue ha mis
En routte tous tes ennemis
        Fuyans à la garite?

Ou est le bras fort & hardi
Le bras qui à acoüardi
        L'audace Persienne?
Ou est le bras des chocs vouté
Qui ha à Bysance adiouté
        La terre Rhodienne?

Fault il que toi des plus adrois
Aux fiers & martiaux arrois
        Que tant ie loue & prise,
Qui ceste Rose traîtrement
Sans te defendre brauement
        Ainsi te déualise?

" O quelle misere pleureuse
"   Quand la femme maline
" Quelqué entreprise ruineuse
"   Pourpense en sa poitrine.

" Car deût elle estr' au fond ietée
"   De l'onde Stygienne

» De son emprise proiectée
»   Fault qu’asus elle en vienne.

LA THRENODIE DES
deux Genies de Moustapha.

Puis quepar les destinées
Et les enuieux discors,
    Faut mettre à bout nos anneés
Et nous delaisser ce cors,
       Soint nos tresses
       Par detresses
Ceinctes d’vn Cyprés retors.

L’heure qui garde la porte
Des neuf contours étoilez,
    Nous rang’ra en la cohorte
A ell’ soudain auollez
       Des Pleiades
       Des Hyades
Et des douze dieux élez.

ACTE II.

RVSTAN

A Soltane c’est or’ que est venu’ la iournée
Ou ie dois voir flourir ta roialle lignée
Sus les monarques rois : c’est or’ que ie dois vcoir
Tes fils les plus hautains du terrestre manoir,

Bornans d'vn ordre égal leur prouesse heroique,
Du climat Scytien iusque a l'Æthiopique.
O iour resplendissant verdement asuré,
Iour sur tous mes souhaits le plus que desiré:
O iour iour solennel dine que ie te marque
Pour nos siecles futurs d'vne blanchette marque:
Iour festal, iour diuin, iour a détres oiseaux
Qui me reluis conduit des Tyndates iumeaux:
Iour cielin que Phœbus aux cheuelures blondes
Diuin m'ha épuise des Iberines ondes.

                    ROSE
Eh Rustan quelle Lothe, ou nectar doucereus,
Quell' Nepenthe mielleuse, ou fleuue oubliuieus
D'aise t'enniure ainsi? mais encor quell's nouuelles
Te viennent chatouillant dans tes os & tes mouelles?

                    RVSTAN
O Soltane quiers tu quels celestes Demons
D'vn ventelet si gay m'haleinent les poulmons?
Las qui s'roit le Timon, ou le triste Heraclite,
Le muet Apocras, la Nemese dépite,
Qui inesperement se voians en tel heur
Paruenus saintement par celeste faueur,
Ne voulussent ioieux assoupir leur tristesse,
Pour estre iouissans d'vne telle liesse?

                    ROSE
Dea Rustan mon cher fils ne sçauroisie sçauoir
Quel est l'heur dont les cieus t'auroient voulu pouruoir?

RVSTAN

O Soltane ceſt heur,& fortune ſeconde
Plus a vôtre ſouhait ſus les vôtres redonde
Que ſus moimeſme,or donc tenez, liſez.

ROSE

O Dieus,
O Ruſtan mon cher fils,Ruſtan que i'aime mieus
Que mon cœur, o Iuppin,o celeſte iournée
Tout à coup ſans eſpoir qui m'as acheminée
Deux trois fois l'heure heureuſe:ou ores ie dois veoir
Mes enfans les primas de tout ce rond manoir.
O Ruſtan las combien ie ſuis ton obligée
D'vn hautain Mouſtapha dont ie me voi vengée
Par tes ſubtils moyens:croy (& n'eſt vaine foy)
Tant que au cœur me reſtr'a vn ſouuenir de moy,
Voire & tant que le cerf acoué par la plaine
Au ruiſſeau argentin d'vne freſche fontaine
Relaiſſé du limier ſe viendra heberger,
Et tant que le ſanglier lon voirra ſe bauger
Aus forts les plus feuilleus d'vne foreſt ombreuſe,
Ruſtan par tes aguets moy quatre fois heureuſe
I'aurai a touſiours-mais dans mon ame & mes os
Vn ſouuenir de toy étroitement enclos:
Ruſtan ami Ruſtan mais ſuis ie bien vengée
De l'orgueil acreté, de la rage enragée
D'vn braue Mouſtapha? Las eſt-il bien puni
Ainſi honteuſement de ſe veoir degarni
De biens, d'amis, d'honneurs, & eſtre en la dégrace

Du Soltan Solyman & de toute la Thrace.
O iour iour phœbeien, iour faint ou ie dois voir
Mes fils en maiefté, en hauteur, & pouuoir,
Les primes du leuant, & du fer de leurs lances
Reduire tout ce rond foubs leurs obeiffances.
Mais or' ne vois-ie pas les autels enfumez,
Et par tous les cantons ià les feus allumez?
Io ne vois-ie pas haut eleuez en pointes
Les Coloffes hautains, & Pyramides peintes,
Ou feront engrauez les geftes triumphans,
Et conquefts valeureux de mes plus chers enfans?
O pauure Mouftapha quel Dieu, quelle Deeffe
Te pourra acoifer ta dolente deftreffe,
Quell' marine Thetis en fon fein écumeus
Te viendra recuillir les torrens fluctueus
Qui de tes ieux flott'ront, quád fçauras le defaftre
Que ta acheminé la fortune maratre,
Sus doncques Mouftapha fus fus doncques aprés
Ceffe tes plaifans ieux, & d'vn verd-brun Cyprés
Soit ton chef ombragé. Prens ton Caphtá funebre
Pour viure exent d'hóneur en l'ombreufe tenebre.
Sus fus doncq' Mouftapha, fus doncq' efclaue fors
De ces pais confins auecques tes confors,
Mais doncques fans tarder va chercher ton entrée
Outre mer loing d'icy en lointaine contrée.

R V S T A N

" Las Soltane c'eft peu, c'eft peu de commencer,
" D'vn trauail iournallier qui ne veut auancer.

Quoy

Quoy cuidez vous desia qu'afin heureuse mises
Soint si soubdainement vos hautaines emprises?
Soltane ce m'aist dieus vous oiant dire ainsi,
Semble que Moustapha est desia loing d'ici
Esclauement errant sans que montrer il se ose,
Pour auoir pourpensé si detestable chose
Contre le grand Soltan:le véuer s'efforceant
Par ces subtils aguets de son sceptre puissant.
" Rose de son dessein nul ne doit prendre ioie,
" A heureux port surgir que premier ne le voie.
" Car tel a bons oiseaus ha son œuure auancé,
" Qui apres au rebours s'en treuue deuancé.
" Tel se cuide étre à port aiant la mer bonace,
" Qui des vens affrontez soudainement déplace.
Pourtant doncq' conduisons à si heureuse fin,
Cest œuure encommencé,affin Soltane affin
Qu'abusez n'estraignions par senétre presage
En lieu d'vne Iunon vn humide nuage.

ROSE

Las Rustan ceste ioy',cest'aise,& le plaisir
Qui me vient dans le cœur étroitement saisir,
Dont ie me voi pour moi pour les peines qu'as prises
Acheminée a sus de toutes mes emprises,
Me métrisent si bien que presque ie me sens
Deietée hors de moy & véue de mes sens.

RVSTAN

Or' Soltane cessez ceste indicible ioie
De voz meilleurs espris qui ainsi vous déuoie.

D

„ Car celuy la trop-toſt ſe va reſiouiſſant
„ De ſon deſſein encor' qui n'en eſt iouiſſant.
Pourtant penſons premier nous venger de ce braue,
De ce ſot orguilleux, & miſerable eſclaue.
Or' doncq' de ce pais penſons a le chaſſer
Fuitif ſans que iamais il ſi puiſſe adreſſer:
Penſons par nos aguets & ſubtilles briſées,
De l'enuoier d'ici aux places Eliſées:
Non aux champs Eliſez. car ſa vie, & ſes faits,
Ne requierent, n'auſſi ſes iniques forfaits,
Ses mépris éhontez, ſes mechez, & encombres
Que lon l'arrange au rang des bien-heureuſes ombres:
Mais plus-toſt luy aſſiert pour ſon iuſte loier,
Pour ſon iuſte guerdon, d'ici haut l'enuoier
Aux manoirs Auernaus, ou au fluue de Lethe,
Au goufres les plus creus des torrens de Phlegete.

ROSE

Or'ſus donques Ruſtan aprens de me venger
De mon haineus, or'ſus vien mes fils arranger
Au plus haut de ſon chef, vien ôte lui le ſceptre,
Pour de mes plus chers fils en la dêtre le mettre,
Sus donc mon cher Ruſtan ſus doncques ſans tarder,
Nos yeus d'humide pleur allons nous en farder,
Pour mieux diſſimuler les cris, & larmes faintes,
Les ſanglos, les ſoupirs & gaimentables plaintes,
Dolens que nous irons répendans a foiſon,
Racontans à Soltan la fainte trahiſon
De ce ſot orguilleus, pour lui ardre dans l'ame,

Contre lui & les siens vne bouillante flame.

RVSTAN.

Soltane pensez donc puis qu'il nous faut aller
Vers Soltan, cachement de si bien affeubler
Ce desseing (lui contant la damnable meschance
Qu'a brassé contre lui & toute la Bysance
Ce traitre Moustapha) que ne veniés ranger
Vous, tous vos fils, & moi en extreme danger.
Premier acoûtres vous d'vne pleureuse harangue
Modestement tenant le frain de votre langue,
De peur que Solyman ne vous veuille écouter
Vous voiant affectée en votre raconter.
Dolente masquez vous d'vne ploureuse face,
D'vn parler gemissant qui promptement le face
Trop plus que vous dolent, vous oiât d'vn bon œil
En signe de recueil.
Donques Soltane donc armez votre courage
Au moins aies pitié de vôtre parentage,
Qui suiect est sou-mis sous la cruelle main,
Du plus felon tyrant, & cruel inhumain,
Qui fust & ne s'ra onc dedans l'enclos de Thrace,
Et en toute sa race.
Qui est le Diomede, & cruel Phalarin
Qui Perille ietta dans le taure d'arain,
Oui qui est lé Neron plein de chienine rage,
Que ce sot acreté par orgueil, & outrage,
Par mépris, par dédain & hautaine fierté
Ne l'aie surmonté?

Or sus donc armons nous, armons nous donc en sorte
Contre tous ces effors que lui tenions escorte:
Pour le deualiser, & veincre honteusement
Soint nos cœurs emmurez d'vn roc de diamant.
» Ne quittons point aux maux, mais allons a l'encontre
» Hautains, tout autrement que nôtre malencontre
» Ne le permet, Soltane vn iour pour l'auenir
» Nous en rest'ra au cœur vn plaisant souuenir.
Las helas-quel plaisir, & quel ioi'vous s'ra ce,
De voir l'empir' échoir a ceus de vôtre race?
Voire de voir vos fils par le vouloir des Dieus,
A vôtre grand souhet gouuerneurs de ces lieus,
Enceins d'vne corone orine & asurée,
De iaspes, de rubis, richement diaprée,
Qui pour vous agréer de leur pouuoir roial
Occiront sans merci ce traitre déloial
Pour les maus éhontez, & la haine chienine
Que contre eux ha receu en sa fainte poitrine.

ROSE

Sus donc à bons destins Rustan iettons le sort,
Sous l'aile de l'espoir iettons nous a l'effort,
Alons acheminer nos si longues poursuites,
Les Demons nous guidans à heureuses conduites:
Non non ami Rustan le celeste escadron
Nous viendra secourant, & du creus d'Acheron,
Les Demons enfernaus sortiront en grand nombre
Horriblement hideus pour lui porter encombre.
La accourra Vulcan auec les Argoulets,

Ses poudreus Cabarins qui à coups de boulets,
De Mosquets affutés plus vite que le foudre
Epouuentablement l'emmenuis'ront en poudre:
La soudain auol'ra du contour étoillé
Le Dieu arme-puissant sur vn cheual élé,
Qui le deualisant luy affront'ra en tiltres
Vn escadron volant de soudroians réistres.
Allons allons Rustan, trop tarder riens ne vaut,
Braues cest maintenant que monstrer il se faut.
» Fortune les hardis & hautains fauorise
» Et des acoüardis deuance l'entreprise.
Or donc auançons nous, allons nous en vanger
De ce faus deloial & esclaue etranger,
De ce sot orguilleus accompli de meschance,
Qui tant iusques adonc ha porté de nuisance
A mes plus chers enfans:non non mó cher Rustan
N'aiez peur quand i'irai raconter à Soltan
Ses si braues conqués, & sa totale vie,
A tout vice éhonté vilement asseruie,
Que ne scache deduire & voir' de pied en chef
Ses forfais, ses mépris, son horrible meschef,
La feinte trahison que cachement il brasse
Contre les Solimans & tous ceux de leur race.
I'auol'rai vers Soltan épointé de fureur,
La de mon seul regard ie lui ferai horreur,
La tant ie l'epeur'rai moi fine caute & fainte,
Me voiant, que le cœur lui tremblot'ra de crainte.
La ie n'aurai maintien, visage ne couleur

Qui ne s'aille chang'ant, par l'horrible fraieur
Qui m'ira forcenant: mes si blondes tressettes
Forcenement d'effroi s'elleu'ront toutes droites,
De rage horriblement mon cueur s'ira enflant,
Et de mes yeus issra vn feu étincellant
Qui m'ira enflamant: comme en l'isle de Crete
Quand le plus qu'insensé & furieux Curete
De furie agité veut deuot faire veus
A la mere des Dieus.
Voire & quand furieuse, en la ville sacrée
De Delphe, à Apollin la pretrésse Erythrée
Saincte veut ministrer, pour dire à l'aduenir
Par destin aux humains ce qu'il doibt aduenir,
Soudain deuient horrible, effroiable, & hideuse
Plus morne & 'allaidi' qu'vne ombre tenebreuse.
Ainsi s'ra il de moi, car premier qu'affronter
Le Soltan cest émoi pour au long lui conter,
D'vn sang d'ire bouillât tous mes os & mes vaines,
Me iettant hors de moy côblement seront pleines:
Mes yeux de grand fraieur par tout iront dardans
En signe de fureur de grans éclers ardans,
Bref ie n'aurai sur moi cheueu sourcil ne tresse
Horriblement d'effroi qui roidement n'en dresse.

RVSTAN

Or donc allons la fortune tenter,
Or' donc allons à Soltan raconter
Le grand mechef, que Moustapha pourpense
Encontre lui, & tous ceus de Bysance.

Pour donc le rendre allons d'vn pas hatif
De ces pais esclaue suitif,
Voire si loin vers Europe bel-erre
Que plus ici ne vienne prendre terre,
Voire si loin loin d'ici outre mer,
Sans que iamais ne puisse ici ramer.

R O S E

Allons allons Rustan, ia soit le sort ietté
Pour notre œuure auācer, cest ia trop arretté,
„ Car qui l'occasion au front hatif n'atrape
„ Chauue soudainement derriere lui échape.

LE CHOEVR

O quel pitoiable meschef
    Quand l'homme par méchance
Forçant le sort veut mettre à chef
    Ce qu'au cueur il pourpanse,

Quel plus grand mal pouuoient les Dieus,
    Ennoyer en partage,
Aux habitans de ces bas lieus
    Qu'vne enuieuse rage?

Oui vne enuie sans couleur,
    Plus qu'vne Parque bléme
„ Seule compaigne de malheur
    Ne nuisant qu'a soi méme.

» Enuie fille de la nuit
»   A la face blémie,
» Aus vertueus qui feule nuit
» Tant leur eft ennemie.

» Comme tou-iours f'en vont paiffans
»   Les Rofettes florides
» De leur venin les faniffans
»   Les mouches cantharides:

» Ainfi l'enuie n'ennuira
»   Pour lui faire greuance,
» Que cellui la qu'elle voirra
»   Accompli d'excellence,

» Tout ainfi comme les metaus
»   La noir' rouilleure mine,
» Ainfi l'enui' des animaus
»   Va rongeant la poitrine:

» Ainfi l'enui' va tirallant
»   De fes apres tenailles,
» Celui qui la va recelant
»   Au creus de fes entrailles.

» Mille & mill' fois heureux cellui
»   Dedans fon heritaige,
» Qui fe tient fans faire à autrui
»   Nuifance ne dommage.
                              Qui

» Heureus cellui qui vit contant
» Auecques ſa famille
» Sans qu'il ſ'en voiſe frequentant
» La cohorte ciuile.

 Comme Aglan ce vieillart heureus
  Qui de ſes heritages,
De paſſer ne fut deſireus
  Outre les confinaiges.

» Las ſi les milans, & corbeaus
» Dans le ſecret champétre,
» Al'ecart des autres oiſeaus
» Cachement ſcauoient pétre,

» Plus qu'ils n'ont auroint de butins
» Et trop plus riches queſtes,
» Sans que les autres plus mutins
» Rauiſſent leurs conqueſtes.

» Ainſi ſi les hommes ſcauoint
» Secrets vſer leur vie,
» Tant aſſugetis ne ſeroint
» Aus effors de l'enuie.

 Chares pour effuir ſes haineus
  Pleins d'enuie enragée,
S'enfuit pour viure plus heureus
  Au promont de Sigée.

Chabrias pour fuir ſes haineus
    Pleins d'enuie dépite,
S'enfuit pour viure plus heureus
    En la terre d'Egypte.

Las-helas-mais combien de géns
    Pour eſſuir céte enuie,
Et en paix pour viure leurs ans
    Ont laiſſé leur patrie?

"Qu'vn' enui' quels p lu grans tourmés
"   Sçauroit trouuer Perille,
"Soit Buſyris ou les tyrans
"   De la Grecque Sicille?

"Heureus ceus qui de leurs deſceins
"   Ineſperes iouiſſent,
"Et cachement dedans leurs ſeins
"   Seulets ſ'en reiouiſſent.

Car l'enui' pour les dommager
    Du profond de Phlegette,
Et de leurs veus les étranger
    Pas apas les aguette.

Las Mouſtapha dont vient ceci?
    Mais dont vient céte haine?
Pourquoi eſt-ce que Roſe ainſi

Contre toi ce forcéne?

Faul il par ta méme vertu,
  Vertu trop plus qu'aimable,
Que tu fois ainfi combatu
  O póure miferable?

Fault il par tes fais valleureus
  Et toutes tes vaillances,
En lieu d'vn trophé fourcilleus
  Que recoiues gréuances?

Non non ce n'eſt point ton forfait
  Ains ta vertu louable,
Qui d'enuie ennemi ta fait
  Tant tu es louang'able.

  La Threnodie des deus
  Genies de Mouſtapha.

  La déeſſe Libentine
Ceinte d'vn ploreus cyprés,
  Pour nous plonger ſ'achemine
Et nous talonne de pres
   Dedans lœthe
   Dans Phlegette
Pour n'en retourner apres,

Mais mal-gré les deſtinées
Immortels nous viurons
Nos plus heureuſes années,
Et iſnels nous volerons
Dans l'humide
De l'air vuide
Auec ſes blans ailerons.

ACTE. III.

ROSE

O Roi des hautains Rois le plus que tres-puiſſant
O Roi en ta maieſté & vertu floriſſant,
Roi qui tiens tout ce rond ſous ta détre puiſſante,
D'ici iuſque au coucher de l'Aube palliſſante:
Roi ton nom immortel qui braue vas bornant,
Ne trouuant ton égal des Scythes au ponant,
O Roi, ores ſi Roi ſi Roi nommerie t'oſe
Sans mépris & dedain.

SOLTAN

Mais que veult dire Roſe?

ROSE

Ah Roi ſi tu ſcauois quel acablant méchef
Te va ſi n'i preuois te tomber ſur le chef,
Oui oui ſi tu ſcauois quel méchef te talonne,
T'aguettant pour rauir ta Roialle coronne,
D'effroi dreſſ'roit ton chef, & ſoudain ta couleur
A mon ſeul raconter ſe tiendroit en paleur.

Qui est l'Adamastor, ou le fort Cynegire,
Qui des Perses manchot acoisa le nauire,
Oui qui sont les Spartans, ou le fort Leonidas,
Le Sceuole constant, le puissant Brasidas,
Qui craintifs tous soudain ne deuinssent plus palles,
Pour tel encombre effuir que les ombres Orcalles?
Oui que lon ne les vid craintiuement pallir,
Et leur cœur dans le cors de crainte tressaillir?
Donc Roi tant redouté par tes grandes vaillances,
Roi humain, Roi piteus, côblé de bien-vueillances,
Tu ne viendras hâtif ton oreille préter,
A mon si gaimentable & triste raconter?
Tu ne viendras préter tes oreilles veillantes
A mes cuisans regrets & querelles dolentes?

SOLTAN

Quoi Rose qu'est ceci? quel malheur, quel trépas?
Quel desastre, ou méchef, me talonne les pas?
Quel hibou a tes yeus vers le cyprés sénétre,
Ainsi desastrement s'est venu apparoitre?

ROSE

A Soltan tant ie sens mes espris varier,
Que ma langue ne peut vn seul mot délier.

SOLTAN

Las Rose si tu aim' moi, tes fils, & toi-mesme,
Les Othomans, la court, mon sceptral diadéme
Veuilles moi découurir le méchef, la rancueur,
Qui ainsi tristement te forcenent le cœur,
Vueilles moi raconter, qu'est ce que lon pourpense

E iij

Contre moi, & les miens, pour nous faire grёuance?

ROSE

Puis qu'il te vient a gré, & de Roial pouuoir
O Roi, prefentement il te plait de fçauoir,
Quel eft l'ocombrier que braffer lon s'auance
Contre toi o Soltan, & toute ta puiffance,
Tu le fçauras; helas mais o cieus quel émoi,
Vient fi forcenement me ieter hors de moi?
Soltan quelle fureur, quand conter ie le penfe,
Me rauiffant mes fens ainfi me quint' effençe?
Soltan pardonne moi fi conter ne le puis,
Car fi loin de mes fens étrangé' ie me fuis
Que ne puis me r'auoir, moi plus-que forcenée,
Si loin de mes efpris ie me fuis éloignée
Par l'horrible fureur qui métrife mes fens,
M'encharmȃt ma raifon, que prefque ie me fens,
Soltan trois quatre fois plus folle & furieufe
Que du Dieu deux fois-né la prétreffe vineufe.
Las Soltan quand ie veus ce difcours raconter,
Mille fanglos foudain me viennent alenter
Le lamentable fon de ma frêle parolle,
Et fur le champ Soltan, la ainfi comme folle
Muette ie me tais, lors fans pouuoir parler,
Par l'horrible fraieur, qui tant me viend troubler:
Muette ie me tais pour la fureur mutine
Qui me va bouillonnant au creus de ma poitrine.
Mais or' vois tu Soltan en cuidant commencer,
Mes gemiffans difcours foudain fe deuancer?

Par les aigrets foufpirs, & pleintes douloureufes,
Par les fanglos cuifans, & les larmes moiteufes,
Qui iffent de mes yeux? ois tu mon cœur gemir,
Et en morne paleur ma face fe ablémir?

SOLTAN

Las-pour cefte amitié ie te fupplie o Rofe,
Qui de toi m'eft au cœur étroitement enclofe,
De me vouloir conter ceft acablant mechef,
Qui va (comme tu dis) me tomber fur le chef:
Pour-tant reprens tes fens, retournes en toi-méme,
D'vn ventelet plus gay effui' ta face bléme,
Dans les torrens fallez las qui f'en va noiant,
A grand's vagues flotans de ton œil ondoiant.

ROSE

Puis-que m'as coniuré par noftre amitié fainte,
Roi de te le compter, or moi comme contrainte,
Par le forçant effort de l'amoureus lien,
Et par l'effort du dard du fils Idalien
Tu le fçauras: Or' donc donc, o Roi de Byfance,
Et de tout le leuant fçache ton excellence,
(Mais or' o Dieus cielins le pourroi-ie conter.
Sans de mes meilleurs fens me pouoir écarter)
Sçachez doncques o Roi, Roi qui en tout le monde,
Le fupreme de tous n'as Roi qui te feconde,
Que Mouftapha (helas nommer le me fault-il)
Oui Roi que Mouftapha par fon moien fubtil,
Frauduleus cachement, auec le Roi de Perfe,
Noftre mortel haineus iournellement conuerfe.

Et plus o Roi des Rois, ainſi qu'il eſt ſecret,
(Las-ce qui ne ſe fra ſans mon trop grand regret
Et de toute la cour) c'eſt qu'il veut prendre a fame
A ſa honte, & vergoingne, & ſon plus grand diffame,
Et de ſes alliez, la fill' de ton haineus:
Et afin, o Soltan, que tu le croies mieus,
T'abuſans en toi-méme, auſſi que tu ne penſe,
Que nous te l'aions dit par quelque mal-veillance
Iadis à Mouſtapha que nous aurions porté,
O Roi Roi tout-pouuant plaiſe a ta maieſté
De lire ce cartel, & tu voirras l'empriſe,
Par lui ſi follement contre toi entrepriſe.

SOLTAN

O Dieus Dieus qu'eſt ceci? quel encombre aigriſſant
Me viend de froide peur m'a face apaliſſant?
Quel gendre de Cerés? quelle Parque felonne,
Quell' ſerpenteuſe Erynne, ou guerriere Belonne?
Quell' nuictaine furie, ou Iuppin haut-tonant
Me viend d'vn triſte dueil le cœur époinçonnant?
Quel Erebe profond? quelle Hecate Auernale?
Quel Cerbere aus trois-chefs, ou Harpye enfernale,
Plus-vite qu'Aquilon me viend ſillher les yeus,
Pour m'enſerrer mortel au cercueil oublieus?
A Roſe ores faut-il qu'apres tant de vacarmes,
Tant de tournois, de feus, de combas, & alarmes,
En lieu de receuoir le pris de mes trauaus,
Apres auoir fait rotte en tant de mille aſſaus.
Sus l'hiuer de mes ans ie ſoi' chaſſé bel-erre

Hors

Hors mes païs confins, pour chercher autre terre?
Ie qui par tant de feuz, & fleuues aboians,
Tant de canons poudreus, & soldas guerroians,
Ay conduit par les vaus, & monteuses trauerses,
Par les dangers des mers, pour faire front aus Perses:
Ie Roi qui ay conquis, au fil du coutelas,
Dessus les Syriens, la cité de Damas,
Et me suis emparé d'Ephese & Iconie,
Du grand pais de Quisque, & toute l'Armenie?
Las, faut il moi qui deusse? or' ces bras tous voutés,
Iadis adétrement des Rois qu'ils ont ioutés,
Les degourdir oiseus, sans plus ébrandir lance,
Pour ferir ce hautain qui me veut faire outrance?
Mais me faut il encor' le harnois endosser,
Pour de ce hautain la l'emprise deuancer?
Lé harnois tout moissi, que i'auois fait appendre,
Au Moschit de Mahon pour plus ne le reprendre?
A Moustapha esclaue, o traitre déloial,
Huy me veus tu rauir ce diadéme Roial,
Céte coronne ici par droit de Protemise
Qui de mes auant-nés ia long tans m'est acquise?
Du lieu (auquel helas-ie tay voulu ranger)
Ore ô traitre felon m'en veus tu étranger?
Las-veus tu par orgueil, & sourcilleuse audace
Me dechasser fuitif, des enuirons de Thrace?
Veus tu pour de mon sceptre, & mes biens te brauer
Par armes outre mer loin d'ici m'esclauer?
Las-me veus tu excurre, & du tout interdire

                                                              F

De mon manoir Roial, & plantureus empire?
O vipere serpent, patricide inhumain,
Las-veus tu de mon sang asanglanter ta main?
Veux tu dedans mon sang, & mô ame pourprée,
Baingner felonnement ta dêtre coniurée?
O felon, ô cruel, ô orgueilleus mutin,
Cœur muré d'vn rocher, ô cœur diamantin,
O cruel engendré d'vn'ré-naissante Hydre,
D'vn lion Phrygien, & maculeuse tigre:
O cruel que les ours, les onces, & liepars,
Ont alaicté au bers dans les antres échars,
Dans les roches du tans contre val mi-penchâtes,
Dans les antres mossus ou cauernes béantes:
O tyrant, ô cruel, ô felon inhumain,
Où est le Busyris, ou le Neron romain,
Qui de ces baus manoirs, & terres toutes rondes
Felon lança sa mere aus terres plus profondes?
Las-di moi donc ou est le tu'-pere Marquin,
Et la femme impudiqu' du superbe Tarquin,
Qui fit passer son char, poussé de pitié nulle,
Dessus le cors Roial du pouure serue Tulle?
Ou sont les Essedons, ou le Creon Thebin,
Le tyrant Phraates, Phalare Agrigentin,
Et ce plus qu'inhumain Ptolomé Philopatre,
Cest Oreste felon, ce tyrant Antipatre,
Qui tous tous ont baigné (tât ilz sont inhumains)
Dans le sang parental leur si cruéles mains?
Ainsi ô Moustapha l'auteur de tyrannie,

De peſte & réagal, de toute felonnie,
De cruaulté, d'émoi, & cruele poiſon,
L'auteur de tout diſcord, & fainte trahiſon,
Huy me veus tu priuer de l'vſure iournale,
De ce theatre à qui l'Aurore matinale,
Aiant chaſſé Phoëbé en ſon ombreus ſeiour,
Vient puis de ſon flambeau luy découurir le iour,
Comme du iour étant fidele meſſagere,
Et du flammeus Titan la vite auant-courriere,
Qui aiant tranſperſé les trois temples cielins
Qui luy ſont appoſés deſſus ſes piedz orins,
Auole en ces bas lieus d'vne courſe legiere
Du leuant au ponant pour borner ſa carriére.
Lors lon void ſon charroi tout de feu réplandir,
Et de ſes raiz flammeus ce manoir ébrandir,
Puis ſ'en court au leuer du beau cler-brun Heſpere,
Abreuer ſes cheuaus dans le fleuue de Ibere.
Ainſi ô déloial huy me veus tu véuer
De mon ſceptre hautain? me veus tu eſclauer
Par tes ſutilz aguetz des entours de Byſance,
Ne redoutant en riens ma hauteur & puiſſance?
Non non Mouſtapha non, ce ſra ton méme chef
Qui portera le pris de ton ſi grand méchef,
Ce ſra ton méme chef qui ſouffrira l'outrance
Que ton cœur côtre moi ſi traitrement pour-panſé,
Ou bien au grand beſoing la celeſte faueur,
Et des freres iumeaus la cieline candeur
Me ſera defaillant, premier que ie n'e briſe

Ton fimulé defceing, & déloialle emprife.

　　　　　R O S E

Las Soltan acoifés ce fi ireus courrous,
Vous taignát en palleur, qui vous met hors de vous:
Donc ô Roi tout-peuuant refroidiflés cét'ire,
Vous affollant vos fens qui ainfi vos martyre.
Mais dictes moi Soltan, affiert il à vn Roi,
Pour vn fi traitre occire ou ietter en defroi
Ainfi fe lamenter? affiert il à vn Prince,
Pour vn traitre efclauer des bórs de fa prouince
Ainfi fe gaimenter?

　　　　　S O L T A N

Se gaimenter ainfi?
Helas qui eft le cœur de tous le moins tranfi,
Le fourcil heriflé, & face fi conftante,
En terreufe palleur qui né fe vid chang'ante,
Pour toft auant-aller au deuant du danger,
Auquel ce déloial f'auance me ranger?
Donc ie ne crainderay la furie guerriere,
Les fimulés defceings, & la main meurdriere,
Le vifage mafqué de ce faus déloial
Qui fe veút empater du fceptre emperial?
Non non Rofe il mourra, c'eft ores que la Parque
D'vn long croifé Tita, ou d'vne noire marque
Viend'ra merquer fes iours, c'eft ores que Clothon
Met'ra fes iours à bout, & que le Dieu Pluton
Au plus creus, & obfcur de fes cauernes fombres,
L'arrangera au rang des malheureufes Ombres.

Sus Heraud, sus soudain prends ton coursier élé,
Ton coursier écumeus, & à fraim aüallé
Accours vers Mouſtapha (& d'vne calme face,
Tenant coi le deſceing que contre luy ie braſſe)
Luy diras que Soltan au ſceptre tout-pòuuant,
En richeſſe & hauteur le plus grand du leuant,
Luy commande venir de Rôialle puiſſance,
Et monarqual pouuoir de vers ſon excellence
A Alape ou il eſt, pour de luy receuoir
L'heur, l'honneur, & le bien, dont l'ha voulu pouruoir.
Or' ſus donques Heraud, or' ſus chemine donques,
Plus-toſt qu'Hippodami' ſi tu cheminas onques.

LE HERAVD

Sacrée maieſté ſans longuement tarder,
Ie m'enuois aus dangers des chemins haſarder.

LE CHOEVR

Trop heureus ſeroint les hommes ore,
Outre les autres maus ploureus,
Dont les ha farciné Pandore,
Si la legier' creance encore
De ſon hanap ord & peſteus
  N'eût repandu ſur eus.

Encores les terriens Princes,
Les ſeigneurs & monarques Rois,
Viur'oint au dedans leurs prouinces,
Les pouureus auéques les minces,
Aimablement deſſous leurs tois

F iij

Sans querelleus dérois.

Les Affecles Cyrenaiques
Plus n'accompaign'roint les tyrans,
Ne les Philosophes Cyniques,
Les abuseurs Gnatons Comiques,
Les Parasites Sycophans
    Plus ne s'iroint truffans.

,, O combien les créances vaines
,, Pour legieres auoit été,
,, Ont des murs les cimes hautaines
,, Par le fer vnies aux plaines:
,, Et des tours le fais atété,
,,   Tout par legiereté?

,, O combien pour céte créance,
,, Ont été de harnois coffez,
,, Et du fer de la fiere lance,
,, Par vne legiere veng'ance
,, Maints cors de Princes tranf-percez,
,,   Tous meurdris & froiffez?

,, Dont viend la guerre meurdriere,
,, Et des Rois les debas noiseus?
,, Si-non par créance legiere,
,, Qui pour vn reçeu faus-àcroire,
,, Rend les Rois iusque aus tiers neueus
    Ennemis & haineus.

L'vn dit que deuers Franconie,
Soubs le climat des Sept-trions,
Au nombreil de la Germanie
S'éleue vne presse ennemie,
Qui viend froisser les morrions
　　Des François escadrons:

L'autre dit à Romul, que Reme,
Ha franchi les Romains parois,
L'autre qu'Vlysse le sel seme
Soi faignant estre en rage extreme,
De peur de porter le harnois
　　Contre les Troians Rois.

„ Las-si les Rois de leurs limites,
„ Chassoint ces masquez courtisans,
„ Tous ces courtisans Parasites,
„ Qui par simulées poursuites,
„ Soubs fauses armes & semblans
„　Vont les Rois abusans:

„ Les Rois à leurs grandes louanges
„ Viuroint heüreus, de toutes pars
„ Frequentans les Princes estranges,
„ Sans plus dresser tant de Phalanges,
„ Et voir furier les soldars
„　Dessous les étendars.

Soltan ta créance inconstante,

Veut ell' Mouſtapha enuoier
Dans l'onde Auernale puente?
Pour de ta détre furiente,
Tout au plus profond le noier
   De ce puent bourbier?

" Quell' plainte piteuſe,
" Douleur douloureuſe,
" Et ploureus tourment:
" Quand le Roi, ou prince
" Ceus de ſa prouince
" Croid legierement.

LA THRENODIE DES
deux Genies de Mouſtapha.

Or' ſus compaigne ſus cirons,
Deſſus nos dos des ailerons,
   A la couleur orine,
Pour effuir de Roſe, & Soltan,
Du faus & ſimulé Ruſtan
   La furie mutine.

Sus donc compaigne, ſus coiment,
Donc auolons iſnellement
   D'vne aleure hatée:
Pour nous ſoir auec les Mi-Dieus,
Les Heroés victorieus,
   En la voie laictée.

Acte

ACTE IIII.

LE HERAVD

MOuſtapha, le Soltan au ſceptre tout-peuuant,
En richeſſe & hauteur le plus grand du leuant,
Te commande venir de Roialle puiſſance,
Et monarqual pouuoir, deuers ſon excellence
A' Alape, ou il-eſt, pour de luy receuoir
L'heur, l'honneur, & le bien dont t'ha voulu pouruoir.

MOVSTAPHA

Heraud dis à Soltan tout comblé de hauteſſe,
A Soltan accompli d'heroique prouéſſe,
Que Mouſtapha iſnel accourt d'vn pas haté,
Sans plus outre tarder deuers ſa maieſté:
Pour lui rendre & porter la deüe obeiſſance,
Dont il reſte obligé deuers ſon excellence.

LE HERAVD

Mouſtapha donc i'accours plus-vite qu'Aquilon,
Ou que l'élé cheual du fort Bellerophon,
Dire au Roi que tu viens rendre l'obeiſſance
Dont tu reſte obligé deuers ſon excellence.

MOVSTAPHA

Ah bós Dieus qu'eſt ceci? de quell' nouuelle peur,
De quel remors penſif, ou hideuſe fraieur
Or' me voi-ie ſurpris? quell' penſée ſong'arde
Me couue dans mon ſein vne crainte rong'arde?
Mais encor' o bons Dieus quelle ſi triſte humeur
Degoutte dans mes os ſa bilieuſe liqueur?
Mais bons Dieus quell' humeur triſte, & melancholique,

G

Quell' rong'ante phrenite, ou douleur Ecstasique,
Me viend d'vne palleur occuper sans repos,
Sans aucuns mouuemens, mes espris, & mes os?
Quoy tant plus que le pas pour m'en aller i'auance,
D'autant soudainement arriere ie deuance:
Las-suis i' hors de chez moy? encor' suis ie insensé?
Suis ie fol hors du sens, suis ie quint-essencé?
Dieus cielins mais encor' la langue tant outrée
De Thyest', qui méloua l'honneur du pouure Atrée
Ore ha elle sur moi vomi sa medisson,
Son réagal pesteus, & infeté poison?
Des saintes Deitez céte Empyrée essence,
I-huy de tous mes forfaits veut ell' prendre veng'ance?
Mais quoy ois desia les senétres Oscins?
Les hibous enrouez, les oiseaus Exquilins?
Des encombres futurs qui comme vrais Augures,
Me menacent de loing de quelques mesuentures?
O saintes Deitez mais encor' qu'est ceci?
Dont ainsi ie suis morne, épeuré, & transi
Sans l'obiect d'aucun dueil? & sans aucun mal craindre,
Soint guerres, ou assaus, dont ie me peusse plaindre?
Quoy or' ie voi mes bras chetifs s'appesentir,
Tous mes os, & mes nerfs, en riens s'aneantir,
Or' ie sens dans mon cœur, vne peur blemissente,
Qui vient de son obiect ma face ternissente,
Me menaçant d'encombre, & tristesse auenir,
Sans que par nuls moiens i'y puisse auant-venir.
Car qui pourroit aller au deuant du desatre,

„ Que nous va pourchaffant la fortune maratre?
„ Les deftins ont leurs cours, & tout humain éffort
„ Ne fe peut afranchir du prophetique Sort:
Car tel l'auoir trompé par fous-fuites fe cuide,
Pour l'effuit s'étant mis à l'ouuert de l'air vuide,
A qui auolle ifnelle au beau panache orin,
Plus vite qu'vn Zephir l'aigle aimable à Iuppin:
Qui luy viend (du chauue de fa téte deceue)
La ceruelle froifler du tais d'vne tortue.
Mais que fera donc ceci? dont me viend cefte peur?
Ces friffons tramblotans? cefte froide palleur?
Ceft émoi blemiffant, ce foing qui me détrace,
Les trais ieunement fais de ma vermeille face?
Quoi ie me voi honteus, du tout acouardi,
Mes deus yeus tous cauez, mon vifaige alaidi
En plombeufe palleur: las fi c'eft d'auenture,
Le prefage futur de quelque méuenture,
De quelque dueil futur il le me faut fouffrir,
„ Veille ou non il le faut: Car nul ne peut effuir
„ Le defatre, le dueil, la rancœur, & dégrace,
„ Aueugle encontre foi que la fortune braffe.
Las-mais ie voi que c'eft, c'eft c'eft quelque ennemi,
D'vn vifage mafqué qui fur moi ha vomi
Son medis babillard, d'vne vois traitereffe,
D'vne rancœur chienine, & langue mentereffe
Qui fur moi ha vomi le damnable venin,
Les clabodans abois de fon cœur leonin:
C'eft ce traitre Ruftan, c'eft Rofe céte braue,

G ij

Ceſte femme fuitiue, & inconnue eſclaue,
Qui pour en haut degré ſes enfans arranger,
D'vn faus rapport menteur, & babil menſonger,
Las-qui m'ha pourchaſſé, & touſiours me pourchaſſe
Du monarque Soltan, la mortelle dégrace
Et de toute ſa court, ſans obiect d'argument
Dont ell' me deut hair, ainſi haineuſement.
Achmat Baſcha iadis qui fus le vrai augure,
Le prophete deuin de ma méſauenture:
O Achmat threſorier de mes recoins ſecrets,
Que bien tu m'aduertis de ces futurs regrets,
Que bien tu m'aduertis de la déconuenue
A l'improuiſt helas-, qui or' m'eſt aduenue?
Las-pour ne t'auoir creu vn triſte repentir,
De ce méchef futur ia me fait réſentir.
Achmat Baſcha crois moi oui oui ſeulemét l'ombre,
Seulement le penſer de ce futur encombre
Me fait d'effroi mon cœur, & mes nerfs ttéſaillir,
Et en morne blémeur mon viſage apallir.
Roſe has tu ſi long tems recuit en ta poitrine
Ce dueil, céte rancœur, céte haine chienine
Contre moi? las par fains & ſimulez éfors,
Par tes ſubtils aguets, & par magiques ſors
M'has tu aſſez genné? Has tu aſſez charmée,
D'vn cri Theſſalien la lune mi-formée?
Mais dis moi Roſe en eſt ton Rhombe tortueus?
Ton Rhombe entour-lié de filets tous noueus?
Ta Lozange rouant, en forme de Cylindre,

Qui va du ciel profond la clair' lune disioindre?
Ou sont dis Rose, ou sont, ces riches vétemens
Hounis & infectés de pesteus oignemens
Que iadis m'enuoias, tels que le traitre Nesse
Par la bell' Deianir' plus belle que Lucresse
Enuoia à Hercul? qui sur le mont pierreus
D'O Ethe, sacrifiant, deuot, aus hautains Dieus,
Et de ses aieus mors sur les funebres tombes,
Pour appaiser les Dieus brulant les Hecatombes:
La deuint tout hideus dans ses dens grommelant,
D'vne horrible fureur dans ses os bouillonnant,
Puis poussé, ô pitié, de sa fureur recente,
Se lança furieus dans la Pyre flammante.

LE SOPHE

Moustapha qu'est-ceci? quel soing triste-rong'ard,
Quel dueil dedans ton sein te rend ainsi song'ard?
Mais encor Moustapha quelle aigreur gaimentable,
Quel encombre futur, ou douleur larmoiable,
Quelle peur, quell' blemeur, ou remors palissant,
Tous tes os & tes nerfs te viend affoiblissant?
Mais encor Moustapha quoi le hibou sénétre
Hulant s'est il venu à tes yeus aparoitre?
Le nuist-chantant hibou vers le cyprés ploreus
Dis moi s'est il venu aparoir à tes yeus?

MOVSTAPHA

Sophe si tu scauois que fortune mutine,
Ennemie de moi contre moi achemine:
Si tu scauois helas le dueil époinsonnant,

Que s'en va contre moi le Sort acheminant,
Oui oui si tu scauois las-que les destinées
Contre le cours fatal de mes verdes années
Ont brassé, pour moi or' sillé du noir bandeau
M'enserrer ieunement dans l'oublieus tombeau:
A mon seul raconter s'roit d'vne morne crainte,
D'vne palle blémeur ta face toute painte,
Oui Sophe lon voirroit de crainte trembloter
Tout ton cœur, tes genous, à mon seul raconter.

LE SOPHE

Mais encor Moustapha quelle déconuenue
T'est à mauuais oiseaus si soudain aduenue?

MOVSTAPHA

Las-Sophe c'est Soltan le puissant, & treshaut
Qui deuers sa hauteur, hatif par son heraud
Me commande d'aller.

LE SOLPHE

Quoy n'has tu autre crainte?
Est-ce cela l'obiect de ta ploreuse plainte?
Est-ce la le méchef qui tant te fait gemir?
Qui tant te fait douloir & ta face ablémir?

MOVSTAPHA

A'Sophe bien souuent souz les fleurs verdissentes
Traitrement à l'ecout souz les herbes flairantes
Le serpent se tient coy: bien souuent le iarfaut
Coiment estant branché sur le rameau plus hault
Du pinier, faind son chant & d'vne vois femelle
Trompeur va deceuant la véue tourtourelle.

LE SOPHE

Quoy Mouſtapha ta lon quelque encombre braſſé?
T'ha lon quelque mechef ou embuſche dreſſé?

MOVSTAPHA

Helas-Sophe c'eſt Roſe ores qui me pourchaſſe,
L'haineuſe défaueur,& mortelle dégrace
Du Soltan:vilement me voulant déranger
Du hault rang ou ie ſiedz,me voulant étranger
Loing ſuitif de Soltan,& de ſa court Roialle,
De ſon ſceptre gemmeus,& ſalle émperialle.

LE SOPHE

Eh Mouſtapha c'eſt Roſe?

MOVSTAPHA

Oui c'eſt Roſe,& m'en croi,
Car Sophe dans mon ſein ſagement ie preuoi,
Le fiel,la ſimulté,& la haine blémie,
Ce front tout refroigné,céte face ennemie,
Oui Sophe i'auant-voi la rong'ante rancœur
Qu'elle me va gardant traitrement dans ſon cœur,
Et au creus de ſes os:qui tout m'eſt pour augure
Qu'ell' me va trahiſſant(Si les Dieus d'auenture
Oui les Dieus ſciemment ſondeurs du cœur humain,
Encontre ſes effors ne me tiennent la main)
Soutenens mon parti,pour rendre toutes vaines
Sans dommagable effet ſes empriſes mal-ſaines:
Oui Sophe pour iſſir du perilleus danger
Auquel Roſe & Ruſtan ſ'efforcent me ranger,
Auquel ce faux Ruſtan,ains plus-toſt céte Roſe

Audacieufement me ranger fe propofe.
Et puis Achmat Bafcha aduerti m'ha il pas
De céte trahifon, de ce mortel trépas?
Coiment me decouurant le defceing & emprife
Que Rofe contre moi auoit ia entreprinfe?

LE SOPHE

Fuis donc fuis Mouftapha, effuis ifnellement
Le dur cœur de Soltan, de furie écument,
,, Effuis l'ire d'vn Roi. Car vn Roi en fon ire
,, Fait dont puis f'en repent maintz peuples déconfire.
,, Effuis donc car ceus la f'expofent au danger
,, Fol'ment, dont f'en pouuoint feurement étranger

MOVSTAPHA

Comment Sophe comment dis tu pas i'effuie
Du Soltan Solymam la grifánte furie?
Las-Sophe ai-ie mépris? comment ai-ie méfet?
En quoy ai-ie commis execrable forfet?
Ai-ie trahi Soltan? luy ai-ie fait greuance?
Ai-ie vers luy mépris dont vers fon excellence
Or'ie ne peuffe aller? i'y va i'y va hatif,
Oui Sophe i'y accours pour fcauoir le motif,
Oui vraiment pour fcauoir dont mon humble prefence
Sans l'auoir deferui deferui luy vient à déplaifance.

LE SOPHE

,, Mouftaph' affés toft viend qui cherche fon danger
,, De foi méme hatif fans f'y vouloir ranger.

MOVSTAPHA

,, Sophe nul ne peut fuir par fuitiues detorfes

Du

„ Du prophete deftin les ingainnables forces.

LE SOPHE

„ Mouftapha tel f'en va dans le Scylle iéter
„ Qu'il pouuoit à feur'té fagement euiter.

MOVSTAPHA

„ Tel cuidoit éuiter les naus-froiffantes ondes
„ Du Carybd' folemént qui dans les plus profondes
„ Du Scylle f'eft noié.

LE SOPHE

L'as Mouftapha comment?
Veus tu a ton danger opiniatrement
Aller voir le Soltan? veus tu opiniatre
Agacer les Crabrons?harceller le défatre?
Le defatre felon tout d'ire dépitant,
Traitrement pas à pas qui te va aguetant,
Ireus accompagné des trois Parques Orcales
Pour te trancher le fil de tes aures vitales?

MOVSTAPHA

„ A Sophe mais encor mais qu'eft ce qu'vn mourir
„ Sinon chez les aucuns vn perennel dormir
„ Quant a ce cors terreus:la toute immortelle ame
„ Ifnel' fe feparant de céte inféte lame?
„ Sophe quand Aquilon ha des arbres tétus
„ Les bourg'ons & les fruis les feuilles abatus,
„ Soudain le re-noueau va les autres bocages
„ La aupres reuétir de verdiffans feuillages,
„ Ainfi eft-il de nous:car quand les fors fataus
„ En vont deus cent priuant des foufflèmens vitaus,

H

A foiſon tout ſoudain nature en produit mille,
Ne voulant delaiſſer céte terre inutile.

Donc Sophe d'vne mort me veûs tu ácraintir?
Sophe couardement me veûs tu diuertir
D'aller vers le Soltan? Non non la mort cruelle,
N'eſt riens a l'homme fort puiſque l'ame immortelle,
(Eſtant par ſort fatal & deſtinez efſors
Iſſue a ſes ſouhés des priſons de ce cors
Le delaiſſant tout mort ne cherchât que ſon étre
Le terreus element) ſ'en va trop plus a détre
Cherchant le firmament d'vn pied leger-élé
S'arranger au pourpris du contour étoillé.

LE SOPHE

Mouſtapha il-eſt vrai (ſi or' la connoiſſance
Si les recoins préceps de la ſainte ſcience
Du ſacré Alcoran ne me vont deceuant)
" Que l'impiteuſe mort n'eſt qu'vn ſeparement
" De l'ame & de ce cors, par Phyſique ſubſtance
" Deriuant de ſon nom ſans ſpeciale eſſence.
Toutesfois nous auons ſi bien i'en ſuis recors
En nos liures Sacrez trois eſpeces de mors
(Suiuant du Stoîcien la raiſon Phyſicale)
Scauoir la violent' naturele & fatale.
Ores donc reſpond moi, reſpôd moi Mouſtapha?
Ores di moi comment nomm'rons nous celle la
Hui donc tu veus mourir? Si non vn' mort outrée,
Vne mort ſans eſpoir damnable & deſperée:
Toi cuidant par icelle, & par vn fol deſpoir

En la voie laictée heureusement te soir,
Cuides-tu qu'Hegesi' Cleombrote, ou Cleante,
Le desféré Metrocle, Empedocl'd'Agrigente,
Pour auoir de leur sang empourpré les autels,
Eus-mémes se vouans soint plus-tost immortels?
Essuis donc Moustapha, Moustapha essuis l'ire
Du Soltan Solyman qui te veut déconfire,
„ Essuis dont, Car ceus la s'exposent au danger
„ Fol'ment dont s'en peuuoint surement étranger.

MOVSTAPHA

Comment Sophe veus tu veus tu que ie m'étrange
Du Soltan Solyman a ma grand' mélouange
A ma honte, & mépris, sans vers lui acourir,
Sans aller deuers lui? plus-tost plus-tost mourir
Que les seueres lois & les status enfraindre,
De cellui que ie dois cherir, aimer, & craindre,
De cellui que ie dois cóm' mon Roi bien-heurer,
Et sur tous les viuans humblement honorer:
Plus-tost Sophe mourir que par mon arrogance,
I'encoure le danger de desobeissance,
Mettant honteusement a dédain & mépris
Le sceptre tout-peuuant & triumphal pourpris
De mon pere Soltan: las-helas-c'est mon pere
Qui le premier m'a mis au terrestre repére
Apres que Lucina m'eust désillé les yeus,
Pour contempler en haut l'ouurage de ces cieus,
Pour contempler en haut les huit temples celestes
Dans iceus se mouuans les sept claires planetes.

H ij

Et puis ne ſçais tu pas qu'il eſt mon Prince & Roi,
A qui ſeul ſans reuolte, & quereleus déroi
" Il me faut obeir? Non non Sophe, les Princes
" Ne ſont nez auec nous en ces baſſes prouinces,
" Ains la haut, ſaintement du ciel étans iſſus,
" Et du ſang de Iuppin diuinement conçus.
Leſquels tous il l'enuoie en ceſte monarchie,
Vaillans pour guerroier la Gygantomachie,
Et ceus qui d'vn ſourcil, & d'vn front trop hardi,
Au mépris de leur Roi ſoutiennent leur parti.
Comme les arrogans, les ſuperbes rebelles,
Des Rois les haus chaſteaus, & fortes citadelles
Oui ſen vont éſchellant, coiément d'vn pied iſnél,
Comme quand Nembrothe conſtruiſit ſon Babel,
Oui ſon Babel confus à la ſuperbe cime,
Cuidant par icelui effuir le Cataclyme,
Et coiment eſcheller par l'auteur de ſa tour
Du grand Dieu haut-tonant le celeſte contour.
Donc' ie ſerai hautain? & par trop fiere outrance
Ie n'irai á Soltan porter l'obeiſſance,
Dont nature vers lui m'oblige étroitement?
Donc Sophe ie n'irai vers lui hatiuement,
Sans pour-penſer quel mal la fortune mutine,
Ennemie de moi pas a pas m'achemine?
I'y vas, i'y cours hatif, ceſt or' qu'il ſera ſceu,
Ce que de mal le Sort contre moi a conceu,

                LE CHOEVR
O ferreuſe & Plutonique age,

De tout heur qui nous as priués
Et larronement tous véues
Du saint-sacré droit d'hotelage.

       Trois fois l'ame heurée
       Qui sa foi murée
       Tient dans soi côiment:
       A homm' qui peut éstre
       Sans oncq' la sous-mettre
       Trop legerement.

Nos peres heureus, & louables
Ont tous-iours gardé le moien,
Et l'égal centre moitoien
Des vertus pures, & aimables,
       Car la vertu sainte
       De deus pars enceinte
       Est de trôp & moins:
       Dans son centre libre
       Faisant l'equilibre
       De ces deus recoins,

Ainsi la constante fiance,
Entre vn sauuage desier,
Et vn trop legier confier
A leur contre-pois se balance:

       Cil qui se desie
       Ou qui trop se fie

Est tous-iours deçeu,
L'infalible sente
De la foi constante
Comme n'ayant sçeu.

Les Lares or' sont mis arriere,
Oui ores est mis à mépris,
La vielle foi aus cheueus gris
Et la tessere hotelerie,
    Sous les toics terrestes
    Plus n'ia d'Orestes
    Plus n'ia de foi:
    Au lac d'oubliance
    La sainte fiance
    Est mise à recoi.

Pleut aus Dieus, sans facher leurs ires,
Qu'ici bas entre les humains,
Qu'en la grenade sont de grains
Naquissent autant de Zopires.
    Dans le Capitole
    Au fais d'vn Mausole
    Enrichi d'or fin,
    La foi toute prise
    D'ése s'roit assise
    Aupres de Iuppin.

Soit maudit ce traitre adultere

Ce beau iuge filz de Priam,
Qui entre luy & Menelan
Rompit l'hoteliere Teſſére:
　　Car oncq' à la pléne
　　Troï' Neptuniénne
　　N'on euſt égalé,
　　Sous vn faus viſage
　　Les drois d'hotelage
　　S'il n'eût violé

Mouſtapha eſſuis eſſuis l'ire,
Or' eſſuis l'eſtomac ireus,
Eſſuis donc le glaiue ſeigneus
Du Soltan qui te veut occire:
　　Veus tu incredule
　　(Comme Marc Regule)
　　A c'il garder foi?
　　Qui ſous vn faus maſque
　　Te baille la baſque
　　Et ſe ioue de toi?

LA SOLTANE

La Threnodie de deus Genies de Moustapha

Copaigne ores vois tu vers le climat du norht
Du grand Iuppin le messager Teucate,
Qui d'vn vol isnel & accort
A nous auoler s'ehâte,
Pour aus cieus nous loger,
Et nous arranger,
Aus classiques nombres
Des immortelles ombres
Sus douciffons de ce cors
Nostre resle estant chapelée
D'vn verd laurier, tout pleié & retors,
Pour nous en aller soir en la voute étoilée

ACTE V

MOVSTAPHA

O Deité, ô l'heur, ô le ciel in pourpris
Sous le voil de Phœbé dont mes troublez espris
Ont esté iouissans: O ciel, ô fureurs saintes,
O Demons nuit-vagans, qui sous vos ide's faintes
Des humains ici bas faintement vous ioués

Par

Par l'obſcur de la nuit de vos cris enroüés
Sophe ſi tu ſcauois les tentes azurées,
Les ſalles, les chaſteaus, & celeſtes contrées,
Les ſceptres emperlez, les pourpris diaprés,
Les dous-bruyanz ruiſſeaus d'arbriſeaus entourés
Oui oui ſi tu ſcauois les ſourcilleuſes villes
Que deuers Heraclé bien loin outre les iſles
Le grand dieu Mahommet faintemét ma fait veoir,
O Sophe quel plaiſir, quel celeſte manoir
Quel nectar doucereus.

SOPHE

Quoi Mouſtapha Morphée
Ce mi-Dieu du ſommeil, ou Thalie la fée
Sous le voil de Phœbé froid obſcur, & ombreus
Faintement ſe ſont ils apparus à tes yeux?

MOVSTAPHA

Sophe le Dieu Mahom ſous la riche cortine,
Et ſous le voil ombreus de la Lune argentine
A mes yeus ſommeillans ſ'eſt venu apparoir,
D'vn pourpre étant vétu (me ſembloit il à veoir)
Au deſſous richement entourné de fimbries,
Semé éparſement de riches pierreries,
Aiant ſon ſcauant front tout en rond chapellé
D'vn tyare gemmeus richement emperlé,
Et ſes deus mains, ſon front, & ſes robbes enceintes
Religieuſement de cartes toutes peintes.
Lors auec vn ſous-ris ſa détre me tendit
A l'iuoire ſemblant, & baſſement me dit:

I

Or fus, fus Mouftapha, ores f'approche l'heure
Que ie te doi monftrer la celefte demeure
De tes ayeus heurez. A peine il auoit dit,
Que foudain la lueur de fes yeus m'ébrandit,
Tenant coiment mes yeus & ma face éblouie
Emerueillablement pour voir chofe inouie:
Lors mon cœur, & mes yeus, & mes flans épeurez
Se étans de ce phantafme vn peu plus affcurez,
Soudain ce Dieu Mahom (lors ainfi qu'il m'abufe)
A grans courfes me rend dans l'antre d'Acherufe:
Ou me dit: Or' voicy le manoir t'attendant,
Duquel le chemin va en deux pars fe fendant:
A détre eft le fentier qui les heroes méne,
Vers les chams Hélyfés à l'implacable regne
Du gendre de Ceres: A la fenétre main
Vers le fleuue Cocyte eft l'adreffe, & chemin
D'aller deuers Cerbere, aus ftigieufes mares,
Aus fleuues les plus creus des horribles Tartares:
Lors quand ie fus entré dedans ceft Antre noir,
Mahom me conduifant vers le riche manoir
De Pluton, la ie vi (ainfi que ie m'approche
Du féte my-panchant d'vne fénetre roche)
Au deffous contreual ioignant les flancs pierreus
De ceft afpre rocher, des chafteaux fourcilleus,
Des baftillons, des tours, des villes, & contrées
Fortement tout entour triplement emmurées
De murs que le Phleget' au goufier aboiant,
De fes vagues fen va tout autour coftoiant,

Lançant dépitement des grand's flammes ardentes,
Des foudres, des éclers, & des roches sonantes.
Donc ainsi que Mahon plus auant i'eus suyui,
A'costé du Phleget' la tout soudain ie vi,
Vers la senétre main, vne hautaine porte,
Soutenu' des deus bous d'vne colomne forte
De vingt pieds de hauteur, & faite fortement
D'vn perennel aimant.
Vis à vis laquelle est hautainement assise,
Vne grand' tour de fer sus vne roche bise,
Luy allans à grands flotz deus gräds fleuues soufflâs
Roiddement coup à coup contrehurter les flans:
Lá est sous le portail Thisiphone veillhante
Vétu' felonnement de sa robe sanglante,
Gardant ceste grand tour: la i'ecoutoi les cris,
Les plaintes, les regretz des damnables espris,
Le cliquet des fouetz, & des lames noisiues,
Oyant trainer des fers, & des chaines massiues:
Craintif, & épeuré, ie m'arrette tout coi,
Et soudain à Mahon ie demande pourquoi,
Et pour quels grands méchefs, & horribles encombres,
Etoint ainsi g'annés ces miserables ombres.
Lors me dit, Moustapha, à nul chaste viuant,
Dans ce fort n'est permis d'y entrer plus auant:
Tous ces lieus sont sous-mis sous la détre puissante
D'Eaque, de Minos, & du Roi Rhadamante,
Qui chastient les dols, & meurdres des bannis,
Ne laissans aucuns maus, ne forfais impunis.

La aussi Thisiphon de ses foüetz damnables,
Va bourrelant le cors des meschans & coupables,
Leur faisant tout meurdrir,& bequeter le cors,
Aus serpens tortueus & coleuures retors,
La acourent soudain ces deus sœurs grommelantes,
Pour emoiler encor de leur mains furiantes
Ces malheurés espris,de courages mutins.
Felonnes leur allant ronger leur intestins,
Et leurs cœurs,& leur flans:Voi-tu la à la porte
Quel's faces,quels espris, quell' monstreuse cohorte
Pour gardés il ya?la dedans sont g'annés
Emoilés,& meurdris,les géans terre-nés
Pour auoir eschellé la demeuré étoillée
Des hautains Dieus:lesquels en l'ardante valée
De Phlægre Iuppiter,de son bras foudroiant
Tous froissés les lança dans l'Auerne aboiant.
La sont les noirs espris,& les ombres dépites
De Tantal,d'Ixion,des Centaures Lapithes,
Et des princes tyrans?là sont par ordre mis,
Les auares vueillans,les freres ennemis,
Là aussi sont meurdris,& g'annés les tu'peres,
Les seigneus meurdriers,& sales adulteres.
A peine il auoit dit,qu'ainsi me trauersant,
Par les obscurs détrois de l'Orque engloutissant:
Ie me treuue conduit aus heureuses contrées,
Aus manoirs fortunés,& foretz planturées
De flairantes couleurs,& arbreaus verdissans,
D'orengers,de sapins,& lauriers florissans,

Ou la prodiguement l'Aurore colorée,
Va vetiſſant les chams d'vne lueur pourprée,
Puis au clin de Titan des aſtres le contour,
A compaigne Phœbé quand elle fait ſon tour.
L'vn eſt là dans ſes chams accort qui ſ'exercite,
A courir, à ſauter, les autres à la luitte,
Et les autres en cœur par mains accors diuers,
Armoñieuſement vont chantant de beaus vers:
Les aucuns plus oiſifs ſe vont mirer aus ondes,
Aus ruiſſeaus argentins des fontaines profondes:
Les autres plus ioieus ſur leurs Ciſtres iaſars,
De leurs lons étendus ſous les ombreus feuillars
Des arbriſſeaus branchus, tous en cómũs Synodes,
Vont des hymnes chantans, & des diuines odes.
Les autres au refrain des Pindariques vers,
Vont dençant ore à droit, & ores à l'enuers.
Tout le premier de tous la pour leur Coriphée,
Sied ſus vn verd gazon le dous-ſonant Orphée,
Qui du ſon de ſon Luth au mouuoir de ſes dois,
Se fait ſuiure aus rochers & oreillhe les bois.
Là ſont les Heroés, & les illuſtres Princes,
Qui en paix, & iuſtice ont regi leurs prouinces:
Là ſont ceus qui n'ont craind cruellement mourir,
Pour leur terroir natal fortement ſecourir.
Et ceus qui chaſtement ont vécu céte vie
Sans meurdres, ſans larcins, ſans rancœur, & enuie.

LE SOPHE

O' Mouſtapha quel ſonge, o quel preſage hideus

I iij

Qui s'est ainsi venu apparoir a tes yeus?

MOVSTAPHA

Comment Sophe le ciel, ou fortune maratre
Brasse elle contre moi quelque impiteus desâtre?

LE SOPHE

A' Moustapha effuis, fuis la meurdriere main,
Effuis le cœur felon du Soltan inhumain,
Ores doncq Moustapha, Moustapha effuis l'ire
De ton pere Soltan qui te veut déconfire,
Euites donc l'émoi, & le mal accablant,
Qui va si n'i preuois sur le chef te tombant,
Effuis doncq' Moustapha, car ce songe est indice,
Et presage futur de quelque malefice.

MOVSTAPHA

Quoi Sophe que i'effui', pourquoi ai-ie forfet?
En quoi ai-ie mépris?las Sophe qu'ai-ie fet
A mon pere Soltan, dont faut que ie déplace
Ainsi couardement de l'obiet de sa face?
Las Sophe me veus tu acraintir vainement
Sans l'obiet d'aucun mal, & damnable tourment
» Dont ie soi' pourfuiui? non non Sophe les fonges
» Ne font a mon endroit que friuoles mensonges.

LE SOPHE

» Las Moustapha tel va quelque méchef fonger
» A fenétres oifeaus ou puis fi viend ranger.

MOVSTAPHA

Mais or' Sophe di moi?mais feroit-il croiable,
Que pour auoir été taifible, humble, & traitable

A mon Pere Soltan, & m'étre a lui fous-mis
Iamais oublieufement fans auoir riens omis
Du deuoir que lui dois, qu'ores pour recompenfe,
Et pour tout pris loial, ie receuffe greuance?
Non non i'y va i'y cours, c'eft-or' qu'il faut tenter,
Ce qu'a voulu le Sort contre moi attenter.
Mais que tardé-ie tant? que ni voi-ie a grans fuites,
Pour connoitre foudain quell'sfi grand's pourfuites
Le Sort fait contre moi?

LE SOPHE

O Deité, o Dieus,
Detournez ce danger deffus nos enuieus,
Detournez ce mechef que le defátre braffe,
Encontre Mouftapha & fa plus chere race:
Ses ioies, fes plaifirs, las helas que ie crains,
Qu'ils ne f'aillent chang'ans en lamentables plains:
Voir' premier que Phœbus fes las cheuaus ne baigne,
Au retour de Vefper dans le fleuue d'Efpagne.

MOVSTAPHA   Parle aus Eunuches
Mahon vous garde tous, ou eft le grand Soltan?

LES EVNVCHES
Voila qu'il vous attan.

LE SOLTAN

Sus fus Muets, courez, volez, aigriffez vos courages,
Aiguifez vos glaiues feigneus, vos furiantes rages,
Or fus occiez, meurdriffez, ce traitre déloial,
Hautain qui m'a voulu rauir mon fceptre emperial.

MOVSTAPHA

Las Soltan sans offence
Me veus-tu faire outrance?

SOLTAN

Or sus donques Muets Muets, or' donques sus.

MOVSTAPHA

O meurdre.

SOLTAN

Sans tarder que lon lui coure sus.
Or' il-est mort, Oui or' il a receu la quéte,
Et le gain du pourchas de sa belle conquéte,
Or' il-est mort le traitre, or ie me voi vangé
Du traitre déloial qui m'auoit outragé,
Du traitre qui vouloit me meurdrit & occire,
Hautain pour s'emparer de mon superbe empire.
Sus sus Pages soudain, sus enleuez ce cors
Qu'on le iette dehors.

LA NÆNIE DV CHOEVR

O fier destin, o destinées
De Moustapha qui gist ici,
Pourquoi auez vous accourci
Le tendre cours de ses années?

Helas Libentine impiteuse,
Pourquoi as tu ainsi permis
Que son cors eneruéfut mis
Au creus de la tombe oublieuse?

Charon

Charon nocher de l'Orque sombre,
Helas-pourquoi as tu receu,
Dans ton nef d'herbes tout moussu,
Sa diuine & bien-heurée ombre?

Qui vous mouuoit de vos mains sales,
Trancher, o filles d'Acheron,
Ou plus-tost de Demogorgon,
Le fil de ses aures vitales?

Moustapha pour tes hardiesses
Est-ce meritoire loier,
Qu'aus chams Elisés t'enuoier
Te guerdonnant de tes prouesses?

Si tu sieds aus forets flairantes
Ou si mieus as aimé voler,
Tout la haut au vuide de l'ær
Auec les ombres voltig'antes:

Pri' Iuppiter qu'vn foudre il iette
Voire vn tonnerre tout flammeus,
Et ardent dessus tes haineus
Aigu, sifflant dessus leur téte.

Soltan prens tes robes funebres,
Effuis donques pour ton mal-heur
Du Soleil la claire lueur,

K

Recherchant les creus des tenebres.

D'auoir houni de ton sang méme
Soltan es tu bien inhumain,
Ton nom, & ta meurdriere main,
Ta coronne, & ton diadéme?

Sus doncq' sœurs venez ici prés
Entourner son cors de Cyprés
Et de Lothe mielleuse,
Sus à coup le Nectar versez
Et vos sains lauriers éparsez
Sur sa tombe oublieuse.

Fin de la Tragedie.

A IEAN DE LA TOVR
Baron de Chateaurous.

Pourroi-ie encor fur ce theatre antique
 Ton nom, ton los hautement réfonner?
 Pourroi-ie encor' dans mon cor antonner
 Cefte douceur cefte candeur celique,
Cefte douceur & vertu heroique,
 Qui comblément te viend environner?
 De tes chers fils or' pourroi-ie tonner
 Les fiers conqués fur l'echafaut tragique?
Mufe or' fus donc monte fur ce Pharo
 Pour antonner dans ton bruiant taro,
 D'vn De la tour les combas & conquéte.
Afin afin que fa fi forte Tour,
 Aille atoucher le celefte contour,
 Hautainement du plus haut de fon fête.

Gab. Bounin.

K ij

A IEAN DE HAVMONT
Baron De chateaurous.

Toi qui as païfé hardi, accort, & pront
   Iufque aus bors ennemis des froides Allemaignes.
   Toi or' apres auoir trauerfé les Efpaignes
   Et les recoins détrois du montueux Piemont:
Toi or' apres auoir vaillamment tenu front
   Aux efcadrons haineus des Angloifes Bretaignes,
   Et auoir valeureus de fept hautes montaignes
   Sur les fétes hautains trauerfé ton haut-mont,
Ores ne veux tu point cefler ces durs vacarmes?
   Te veus-tu auieillir aus pourfuites des armes
   En tes verds ans ainfi fans ton bras aloifer?
Las-qu'ai-ie dit? non non. Car pour tes recompanfes
   I'en voi deux qui te vont offrir cinquante lances,
   Voire & mieux (fi le fort ne me viend abufer.)

Gab. Bounin.

PASTORALE
A
Madame de Châteaurous

FRANCILLON.

Mes compains côbien ces Dieus fauuages,
Qui vont broffant l'épeffeur des bocages
Plus qu'vn Zephir ifnelement legers,
Pour acouer les écumeurs fanglers.
O combien Pan le Dieu de ces contrées,
Combien fes fœurs les Naïades facrées
Nous ont fait d'heur(ne fcai par quell' bón'heure)
De nous dreffer fi plaifante demeure.
Mais las-di moi encor di moi,Clorin
Qui font ces la fous le Pele afurin
Qui viuent mieus loing d'aigriffant fouci,
Que nous faifons en ces terres ici?
Par tes dous chans fus auant ma Mufette
Eternifons noftre diuin Poëte.
CLORIN
O Francillon ceft ce Dieu de Lycie,
Ce Dieu bouquin demi-Dieu d'Arcadie,
Qui nous à fait tant d'heur de viure exens
Comme immortelz de la courfe des ans.
Ceft ce Dieu Pan ce grand Dieu bocager,
Ce Dieu rural au cheure-pied leger,
Qui à fouhait nous à voulu pouruoir

K iij

Deſtinement d'vn ſi riche manoir:
 Mais par lui te iure
 (Et n'en ſuis pariure)
 Que n'aurai iamais
 Pour mon Roi & maitre
 En ce mondain étre,
 Que lui deſormais.

 Et tant que viurai
 Ie luy enfum'rai,
 A'ce Dieu mi-cheure,
 Ses ſacrés autelz
 A'iours ſolennelz
 D'vne noire cheure.

Car c'eſt cellui qui nos brebis à laines
Nous fait herber par les herbeuſes plaines
De nos troupéaus c'eſt lui qui và chaſſant
Loing àlécart le Tigre rauiſſant:
C'eſt céllui la qui fait nos blans aignaus
Vaguer paiſſans par les herbus coutaus;
Et fait le loup ie ne ſcai par quels charmes
Paitre auec eus ſans qu'il leur face alarmes
Par tes dous chans ſur auant ma Muſette
Eterniſons notre diuin Poëte.

FRANCINE

C'eſt lui Clorin qui permet dans ces bois
Au plus matin iouer de mon haut-bois

Et antonner fur ce pré verdelet
Mill'chans ruraus deffus mon flag'ollet,
Ceft lui ceft lui qui permet au bergeres
Sans nuls dedains dans ces verdes fougeres
Rire, dancer, iouer fur leurs Mufettes
Leurs feus facrés, & faintes amourettes.
C'eft lui conduit de fes Faunes velus
Prenant le frais deffous ces bois foeuillus
Qui au trauers de fes glandez chaineaus
Vient épeurer & nous & nos agn'aus
Par tes dous chans fus auant ma Mufette
Eternifons notre diuin Poëte.

IANETE

C'eft lui Clorin qui au foir du deffus
De ces coutaus & fes antres mouffus,
Accompaigné des cheurins fatireaus
Nous aguettant fur le bord de ces eaus
Accourt ici comme vn griffe qui vole
Pour auec nous danfer à la carole,
Là auec nous au meilleu de ces prés
De bel émail richement diáprés,
Vient traitrement d'vne courfe legere,
Ifnélement nous prendre par derriere
Pour nous rauir, puis tout foudain par force,
Nous vient iucher fur le tronc d'yne écorce,
Et rudement fans nullement fe feindre
Du hault du bort nous ietter dedans l'Indre
Là promptement au tres-faut de fes ondes

Sourdent soudain de leurs antres profondes
Thetis, Doris, les humides Naïades,
Spio, Clion, les folatres Driades
E'galement qui de pitié émeües
D'ainsi nous voir dans leurs eaues toutes nues,
Bien loing vers nous étendét leurs mains blondes
Pour nous tirer sur la greue des ondes.
Puis nous à bort craignans d'estre reprises,
N'aians sur nous que nos simples chemises,
Nous enfuions sous quelque gros noier
Loing à lécart pour la nous solleier,
Par tes dous chans sus auant ma Musette
Eternisons notre diuin Poëte

FRANCILLON

Pasteurs François quand bien en moi ie panse
Tout le plaisir, & mondaine plaisance
Que nous prenons en ces riches contrées
Des diuins Dieux sur toutes bien-heurées:
Les mons Tempé ne c'il la de Menale
Qui en hauteur les étoilles égale.
Atlas, Ossa, Pinde de Thessalie,
Ne tous le lieus les plus beaus de l'Indie
Ne peuuent tant les pasteurs agréer
Comme ces ci nous viennent recréer.
Ou voiroit lon de plus belles campaignes,
Plus beaus coutaus entourant les montaignes
Qui à grand tas sans faillir tous les ans,
De ces pais vont les vins produisans

De

De Caule & Aul'la vineuſe cauerne,
Ne le coutau du païs de Falerne,
Sans le bécher n'amaine eŋ ſa ſaiſon
Vins tres exquis à ſi grande foiſon,
Qu'en vont ces mons & haus tertres ſans ceſſe
Prodiguement produiſant à largeſſe
Par tes dous chans ſus auant ma Muſette
Eterniſons notre diuin Poëte.

CLORIN

Helas-combien la Déeſſe fruitiere
De ces beaus chams la roine fourmentiere,
A d'vn bon œil par ſes aſpecs celeſtes
Guigné nos chams, & nos terres agreſtes.
Io vois tu ces plantureuſes plaines
Qui de tous grains prodiguement ſont plaines?
Ia ia voi tu les eſpis blondoians,
A grands miliers qui ſ'en vont ondoians,
Lors comme quand les vagues fluctueuſes,
Au gré des vens ſur les mers orageuſes,
A grand murmur hideuſement ſifflans
De leurs deus bors ſ'en vont hurter les flans,
S'antrechoquant & d'vn forçant effort
S'en vont flottans de l'vn à lautre bord?
Voi tu ici quelque terre infeconde
Qui en tous grains trois quatre fois n'abonde
Tant ſoit ell'mégre, araineuſe, & ſteril e,
Plus que les chams de la Grecque Sicille?
Qui eſt le chám or' qu'il n'euſt point cheumé

L

Tant soit il maigre, & tant mal enfumé,
Au laboureur qui ne vienne aporter,
Annuellement sans son fruit auorter,
Prodiguement voir' cent fois plus de grain
Qu'on n'en auoit enserré dans son sein.
Par tes dous chans sus auant ma Musette
Eternisons notre diuin poëte.

FRANCINE

Amis pasteurs tant Pan ce Dieu agreste,
Tant Iuppiter des Dieus le plus celeste
Ont bien-voulu & cheri ces terrois,
Que lon y void épars à desarrois,
Dans ces coutaus, dans ces égales plaines
Les blans moutons chargés de fines laines.
Voi tu Clorin ceste campaigne herbue
Qui ha le dos de si large étendue,
Que de ses flans & son large tenant
Va bien vingt lieu's au tour soi contenant.
Là y vois tu ces trop ieunes tendrons
Qui vont suiuans leur mere à escadrons
Pour les téter ne pouuant encor pétre
Le verd pasteil du plantureus champétre,
Mais or' voi tu dessous ces vers halliers,
Sous ces chaineaus les brébis à milliers,
Qui vont paissant le flairant Serpoulet
Dedans l'anclos du beau cham verdelet,
Voire qui vont les serneures paissantes,
Et les fleurons des rouches verdissantes,

Tant de brebis, onc n'en eut Italie,
Ne les coutaus de la riche Apulie,
Que lon en void ranc à ranc à milliers
Allant paissant par les chams Berruiers.
Par tes dous chans sus auant ma Musette
Eternisons notre diuin Poëte.

IANETE

Tant ha Neptune, & tous ces Dieus marins,
Tant ha Thetis aus beaus pieds iuoirins,
D'vn dous acueil cheri céte contrée,
Destinément qu'elle la entourée,
Trianglement d'vn gros fluue ondoiant
Hideusement qui s'en va aboiant,
Par les détrois de ces terres heureuses
A' flos enflés, & vagües écumeuses.
La lon y void les truîtes écaillées,
Diaprement sur le dos émaillées,
Qui vont sillans à six rames liquides
Le forçant fil des grand's vagues humides.
La les guerdons & les fuitiues loches,
Se tiennent coi sous les antres des roches,
N'osan issir sur les ondes voirrées,
Des gråds poissons qu'ell's ne soiét deuorées.
Là lon y voit les tétus barbillons
Qui vont fendant les ondes à sillons,
Fuiars courans à vau route sur l'Indre,
Aus gråds brochets pour crainte de se ioindre,
La les brochets qui sont grands à mesure,

Et le grand lut à l'effroiable hure,
S'en va à fil de ses flans baloiant
Les flos ondeus du l'Indre tournoiant.
Plus ô pasteurs voyés vous céte prée
D'vn verd azur richement diaprée,
De ses couleurs qui viend verdemét pindre
Les calmes bors de nostre fluue d'Indre?
I' voyés vous les Nymphettes iolies
Dessus les fleurs, sur les herbes polies,
Au son du luth or' à mont or' à val
Adétrement qui découppent le bal?
La voiés vous les gentilles bergeres
Inelement de corsages legeres,
Qui vont ceuillans aus trauers ces préries
A grands bouqués les herbettes flories?
Les vnes vont asortir les couleurs
Pour façonner vn beau chapeau de fleurs:
Les autres vont sur la greue du l'Indre
Au contre-son piteusement se plaindre
Deuers Echon des agrestes bergers
En amitié dont ils sont si legers,
Dont il n'y a voire amitié si sainte,
Quelle ne soit tous-iours par eus enfrainte,
Par tes dous chans sus auant ma Musette
Eternisons notre diuin Poëte.

FRANCILLON

L'heur le plus grand que nous aions encor,
En ce cielin, & heure us siecle d'or,

C'eſt ô Paſteurs dont ſommes ſous la Cime,
Et ſous le fort de céte tour ſublime.
C'eſt dont enclos nous ſommes dans l'atour
Exems d'effort de céte haute Tour.
Or voiez vous comme elle eſt la aſſiſe
Hautainement ſur vne roche biſe,
Et fortement cloſe de toutes pars
De Parapez fauces-brais, & rampars,
Là voiez vous les plates formes fortes
Les Gabions pour foncer les cohortes
Des Cabarins, & poudreus argoulés,
Dans céte Tour à grand cous de boulés
Cous de Canons, de Mouſquez & de fléches,
Qui voudroint faire bréches?
La voiez vous les riuieres profondes
Iuſques au Carneaus qui vont enflans leurs ondes,
Et rondement de leur ſi large atour
Vont entourant l'enclos de céte Tour.

L iij

VOEV A LA TOVR

O Pan
l'appan
Deuot aus ans,
S'entrefuiuans,
Deſſus l'atour
De ceſte Tour,
Ma chal'mie, & houlete rouge,
Mó flageol, ma veze, & mó vouge,
Et afin qu' ell' ne ſoit atainte
De foudre, ou r ougiſſant orage.
Ie lui appand deſſus ſa pointe
De laurier ce flerant feuillage,
Sur ſes carneaus i'appand les ondes,
Des lieus les plus creus de nôtre Indre
Idéuſes a vagues profondes,
Tout au tour qui la viennent ceindre.
Viẽs dóc Pan, cours ici, or'tis édóc' & m'acroche
Ce mien vœu immortel au fais de céte roche
Afin de céte Tour que la louange vole
A iamais de l'Arctique à l'Antarctique Pole.

CLORIN

O mes compains apres auoir déduit
Tous les auoirs que Berri nous produit,
Que dirons nous de ce Haut-mont pointu
Hautainement de ſon féte tétu,
Qui va perſant les nues noirſiſſantes,

Et voifinant les étoilles brillantes?
Qui va paffant de fa hautaine cime
Le mont Ida, & l'Olympe fublime,
Voire Menale & le haut Pelion,
Et les haus mons fis au tour d'Ilion?
Or voiez vous tout au fais de fa croppe
Vers le Ponant la nymphe Calliope?
La voiez vous les diuines Pleiades,
Le cœur mufal des faintes Oreades
Qui vont fonant fur la lire iuoirine
Deffus ce mont vne ode Pindarine?
Io ie voi.Miolans & fa trope.
Qui fen va voir la nymphe Calliope.
Eh voiez vous Pafteurs dequel compas
Si grauement ell' compaffe fes pas?
De quel maintien, de quel port, de quel heur,
De quelle grace & celefte candeur
Va recueillir auec' toute fa trope
Humainement la nymphe Calliope?
Io ie voi Chateaurous qui ioieufe
Acourt, apres tant elle-eft defireufe,
De recueillir deffus céte montaigne
Calliopé fa celefte compaigne.
Eh mais voyez comment Vertu luy rit,
Comment Vertu faintement la cherit,
De l'acomplir de tel heur, & hauteffe
Qu'il n'ia dame, oui fuffe vne Déeffe,
Sans parangon qu'elle ne la furpaffe,

Soit en ſçauoir, ou en naïfue grace,
Eh voiez vous ſes tant ſages nymphétes
De ce Haut-mont ſur les belles fleurétes,
Qui vont chantant ſur leurs luths dous-ſonans
Piteuſement leur feus époinçonnans,
Qui vont chantant ſus les ners de leurs lyres
Doucettement leurs amoureus martyres,
De leurs dous luths accompagnans le ſon
De grans ſoupirs, & triſte marriſſon.

VOEV AV HAVT-MONT

Moi poëte
Sur le féte
De ce mót ſacré
I'y ai conſacré
La Laurine cotonne
Qui le chef m'enuironne,
Iurant par le celeſte vaſe
D'Amalthée, & l'eau de Pegáſe,
Voire & tant que l'alme Lucine
M'aſſouſtl'ra ma ſainte poitrine,
Que d'autre mont par toute gent étráge
A touiouts-mais n'éuent'rái la louange.

IANETE

Allons Paſteurs, ia ia l'ombre nuitale
Pour nous voiler des montagnes deuale.

Fin de la Paſtorale.

www.ingramcontent.com/pod-product-compliance
Lightning Source LLC
Chambersburg PA
CBHW052138090426
42741CB00009B/2134